AF748392

www.ingramcontent.com/pod-product-compliance
Lightning Source LLC
LaVergne TN
LVHW010837051026
849532LV00007B/2742

* 9 7 8 9 3 5 8 7 2 0 0 0 6 *

ہندوستان کی عظیم عورتیں

(سوانحی کہانیاں)

صفدر حسین

© Safdar Hussain

Hindustan ki azeem aurtein

by: Safdar Hussain

Edition: September '2025
Publisher :
Taemeer Publications LLC (Michigan, USA / Hyderabad, India)

ISBN 978-93-5872-000-6
9 789358 720006

مصنف یا ناشر کی پیشگی اجازت کے بغیر اس کتاب کا کوئی بھی حصہ کسی بھی شکل میں بشمول ویب سائٹ پر اَپ لوڈنگ کے لیے استعمال نہ کیا جائے۔ نیز اس کتاب پر کسی بھی قسم کے تنازع کو نمٹانے کا اختیار صرف حیدرآباد (تلنگانہ) کی عدلیہ کو ہو گا۔

© صفدر حسین

کتاب	:	**ہندوستان کی عظیم عورتیں**
مصنف	:	**صفدر حسین**
صنف	:	تاریخ
ناشر	:	تعمیر پبلی کیشنز (حیدرآباد، انڈیا)
سالِ اشاعت	:	۲۰۲۵ء
صفحات	:	۹۶
سرورق ڈیزائن	:	تعمیر ویب ڈیزائن

فہرست

عورت زندگی کا سرچشمہ ہے
عورت خدا کی عظیم ترین تخلیق ہے،
اپنی عملی دنیا میں اس کا مقام
اعلا ترین ہے۔

مہاتما گاندھی

رضیہ سلطانہ

آج سے کئی سو برس پہلے ہندوستان میں ایک مشہور بادشاہ سلطان شمس الدین التمش گزرا ہے۔ اس کا بڑا بیٹا بہت قابل اور بہادر تھا۔ بادشاہ چاہتا تھا کہ اس کے بعد بڑا بیٹا ہی تخت پر بیٹھے۔ لیکن وہ بادشاہ کی زندگی ہی میں ایک جنگ میں مارا گیا۔ بڑے لڑکے کے مرنے کے بعد بادشاہ نے یہ دیکھ کر کہ اس کے دوسرے بیٹوں میں کوئی بھی حکومت کرنے کے قابل نہیں ہے، اپنی چہیتی بیٹی رضیہ سلطانہ کو پڑھائی لکھائی کے ساتھ ساتھ فوجی تعلیم بھی دلانی شروع کی۔ رضیہ سلطانہ ویسے بچپن ہی سے اپنے بھائیوں کے مقابلے میں بہت سمجھدار اور بہادر تھیں۔ فوجی تعلیم پانے کے بعد تو وہ گھوڑے کی سواری کرنا، بندوق چلانا اور فوجوں کی کمان بھی کرنے لگیں۔ اپنی بیٹی کی ساری اچھی باتیں دیکھ کر سلطان

شمس الدین التمش نے فیصلہ کرلیا تھا اور وصیت کی تھی کہ اس کے مرنے کے بعد رضیہ سلطانہ ہی دہلی کے تخت پر بیٹھے۔

جب التمش کا انتقال ہوا تو ساری سلطنت میں گڑبڑ مچ گئی کہ بادشاہ کون بنے؟ کچھ سردار رضیہ سلطانہ کو تخت پر بٹھانا چاہتے تھے اور کچھ چاہتے تھے کہ ان کا بڑا بھائی بادشاہ بنے جو سردار یہ چاہتے تھے کہ رضیہ سلطانہ، ملکہ نہ بنے، ان کا خیال تھا کہ عورت کم عقل ہوتی ہے، اس کا کام صرف گھر کی دیکھ بھال اور بچّوں کی پرورش کرنا ہے، وہ بھلا کیسے حکومت کے کاروبار سنبھال سکتی ہے؟ چونکہ رضیہ سلطانہ کو ملکہ نہ بنانے والوں کی تعداد زیادہ تھی، اس لیے انھوں نے سلطان شمس الدّین التمش کی وصیت کی پروا نہ کرتے ہوئے اس کے ایک بیٹے رکن الدّین کو بادشاہ بنایا جو حکومت کرنے کے بالکل قابل نہ تھا، کیوں کہ اسے حکومت کے کاروبار سے کوئی دلچسپی نہ تھی۔ وہ سارا وقت محل میں بیٹھا رہتا اور آرام کی زندگی گزارتا تھا۔ تھوڑے ہی دنوں میں سلطنت میں جگہ جگہ بغاوتیں ہونے لگیں۔ ابھی وہ پورے نو مہینے بھی حکومت نہ کرنے پایا تھا کہ رعایا نے تنگ آکر آخر ایک دن رکن الدّین کو تخت سے اتار ہی دیا۔

رکن الدین کو تخت سے اتارنے کے بعد اس کی جگہ رضیہ سلطانہ کو ملکہ بنایا گیا۔ رضیہ سلطانہ تو شروع ہی سے بہادر اور سمجھدار تھیں۔ باپ کی زندگی ہی میں انھوں نے حکومت کا کاروبار چلانا سیکھ لیا تھا اور انھیں مشورے بھی دیا کرتی تھیں۔ چنانچہ تخت پر بیٹھتے ہی انھوں نے رعایا کی بھلائی کے کام شروع کر دیے۔ ملک کی ساری رعایا ان سے خوش تھی۔ اپنے ملک کی حفاظت کے لیے فوجی طاقت بھی بڑھائی۔ وہ ہمیشہ فوجی لباس پہنے رہتیں اور خود ہی فوجوں کی کمان کرتی تھیں۔

رضیہ سلطانہ کو حکومت کرتے ہوئے ابھی تین سال ہی ہوئے تھے کہ وہ سردار جو رضیہ سلطانہ کو تخت پر نہیں بٹھانا چاہتے تھے، ان کی ترقی سے جلنے لگے، اور انھوں نے پھر سے سلطنت میں گڑبڑ مچانے کی کوشش شروع کر دی اور رعایا کو ملکہ کے خلاف بھڑکانے لگے۔ بھولی رعایا ان سرداروں کی چالوں میں آگئی اور اُن غدّار سرداروں کی باتوں پر بھروسہ کرلیا۔ جب تمام سلطنت میں ان سرداروں کی چال کامیاب ہوگئی تو ایک دن ان لوگوں نے رضیہ سلطانہ کو پھر تخت سے اتار دیا اور گرفتار کرکے قیدی بنا دیا۔ قید خانے میں رضیہ سلطانہ کی نگرانی کے لیے

جو سردار مقرر کیے گئے تھے ان میں سے ایک سردار نے ملکہ کی بہادری، سمجھداری اور نیک مزاجی کو دیکھ کر ان سے شادی کرنی چاہی، جسے رضیہ سلطانہ نے منظور کرلیا۔ چند دنوں بعد جب ملکہ قید سے چھوٹ گیئں تو انھوں نے پھر ایک مرتبہ فوج کو جمع کرکے تخت حاصل کرنے کی کوشش کی۔ لیکن ان ہی سرداروں نے جو ملکہ کو تخت سے اتار دیا تھا پھر رعایا کو بہکا دیا کہ رضیہ سلطانہ کی آڑ میں ان کے شوہر بادشاہ بننا چاہتے ہیں۔ اس غلط خبر کے پھیلتے ہی ایسے سردار بھی رضیہ سلطانہ کے خلاف ہوگئے جو پہلے ان کی عزت کیا کرتے تھے اور اب وہ رضیہ سلطانہ اور ان کے شوہر کی جان کے دشمن ہوگئے اور آخر ایک دن دونوں کو ہی مار ڈالا۔ اس طرح ایک نیک اور بہادر ملکہ نے جس کے دل میں ہمیشہ اپنی رعایا کی بھلائی کا خیال رہتا تھا۔ سلطنت کے آپس کے جھگڑوں میں اپنی جان قربان کردی۔

رضیہ سلطانہ وہ پہلی اور آخری ہندوستانی عورت تھیں جنھوں نے تین سال تک ہندوستان پر حکومت کی۔ انھوں نے یہ ثابت کر دکھایا کہ ہندوستانی عورت گھر کی رانی بھی ہے اور ساتھ ساتھ جنگ کے میدان کی سپاہی بھی۔

ان کی بہادری اور نیکی کی وجہ سے ان کا نام ہندوستان میں ہمیشہ ہمیشہ زندہ رہے گا۔

رانی دُرگاوتی

سنگرام شاہ، گڑامنڈل کی ریاست کا ایک بہت بڑا راجہ گزرا ہے۔ سنگرام شاہ کے مرنے کے بعد ان کا لڑکا دل پتی شاہ وہاں کا راجہ بن گیا۔ دل پتی شاہ اپنے باپ کی طرح بڑا نیک اور بہادر تھا۔ ننگی تلوار لیے وہ اکیلا سینکڑوں آدمیوں کے بیچ کود پڑتا تھا۔ وہ جتنا طاقت ور تھا، اتنا ہی خوبصورت بھی تھا۔ اس لیے ہر طرف اس کی بہادری اور خوبصورتی کے چرچے تھے

اُن دِنوں ایک دوسری ریاست مہوبا پر چندیل خاندان کا راجہ شالی واہن حکومت کرتا تھا۔ اس کی بیٹی درگاوتی بہت سمجھدار اور خوبصورت تھی درگاوتی نے دل پتی شاہ کی بہادری کے قصے سنے تھے اور وہ اُن سے شادی کرنا چاہتی تھیں۔ لیکن مہوبا کا راجہ دل پتی شاہ سے راجکماری دُرگاوتی کی شادی کرنے میں اپنی

بے عزتی سمجھتا تھا۔ اسی لیے اس نے شادی کرنے سے انکار کردیا
اِس بات سے دُرگاوتی کو بڑا دکھ ہوا، اور وہ پریشان تھی
کہ کیا کرے۔ کیوں کہ دَل پتی شاہ کے سوا وہ کسی اور سے شادی
کرنے کو تیار نہ تھیں۔

آخرکار دُرگاوتی نے دَل پتی شاہ کو ایک خط لکھا کہ مَیں تو آپ
ہی کو اپنا شوہر مان چکی ہوں، اب بھلا کسی دوسرے کے ساتھ
میری شادی کیسے ہوسکتی ہے؟ آپ ہی مجھے اِس مصیبت سے
بچائیے۔

دل پتی شاہ بھی درگاوتی کی سمجھداری اور خوبصورتی کے بارے
میں سُن چکا تھا، اور دل ہی دل میں انھیں چاہتا بھی تھا۔

دُرگاوتی کے خط نے دَل پتی شاہ کو بےچین کردیا اور اس نے
اپنی فوج سے مہوبا پر حملہ کردیا۔ جیت دل پتی شاہ کی ہوئی اور اس
طرح تلوار کے بَل پر دُرگاوتی اور دَل پتی شاہ کی شادی ہوگئی۔

اب راجکماری دُرگاوتی، دَل پتی شاہ کی رانی بن گیئں اور اپنے
شوہر کے ساتھ سنگوڑ گڑھ کے قلعہ میں ہنسی خوشی زندگی کے دِن
گزارنے لگیں۔ ان کے ایک لڑکا پیدا ہوا جس کا نام ویرنارائن رکھا
گیا۔ دونوں اپنے لڑکے کو بہت چاہتے تھے

شادی کے پانچ سال بعد ہی اچانک دل پتی شاہ کا انتقال ہوگیا۔ چونکہ ابھی راجکمار ویر نارائن کی عمر صرف چار سال کی تھی، اس لیے رانی دُرگا وتی کو ہی ریاست کا کاروبار سنبھالنا پڑا۔ رانی نیک اور سمجھدار تھیں، انھوں نے ساری حکومت کا کاروبار ایسے اچھے طریقے پر چلایا کہ دوست اور دشمن سب ہی ان کی تعریف کرنے لگے

رانی درگا وتی کے اچھے برتاؤ کی وجہ سے پرجا ان کو دل سے چاہتی تھی اور ان کے لیے اپنی جانیں تک قربان کرنے کو تیار تھی۔

رانی نے رعایا کی بھلائی کے لیے بہت سے اچھے کام کیے اور ریاست میں ہر طرف خوش حالی تھی اور ان کے راج میں سونے کا سکّہ چلتا تھا۔

رانی نے ساتھ ہی ساتھ اپنی فوجی طاقت بھی بہت بڑھالی۔ ان کے پاس باون قلعے اور سیکڑوں ہاتھی تھے۔

ریاست کی یہ ساری ترقی دیکھ کر اکبر بادشاہ کے صوبہ دار آصف خاں کی نیّت خراب ہوگئی۔ اس نے خزانے کی ساری دولت لوٹنے اور حکومت چھیننے کے خیال سے موقع پاکر رانی

15

دُرگاوتی کی ریاست پر چڑھائی کردی۔ آصف خاں کے پاس توپیں تھیں اور رانی درگاوتی کے مقابلہ میں کافی بڑی فوج بھی تھی۔

صوبہ دار آصف خاں کے حملہ کی خبر سُن کر رعایا بہت گھبرا گئی، لیکن رانی درگاوتی بالکل پریشان نہ ہوئیں بلکہ بڑے اطمینان سے جنگ کی تیاریاں کرنے لگیں۔ ان کا اکلوتا لڑکا ویر نارائن جو ابھی صرف اٹھارہ برس کا تھا، جنگی لباس پہن کر لڑائی کے میدان میں پہنچ گیا۔

رانی درگاوتی نے اپنی فوج اور گھبرائی رعایا کو تسلّی دیتے ہوئے کہا کہ جب تک میں زندہ ہوں اور میرے جسم میں خون کا آخری قطرہ باقی ہے، تمھیں گھبرانے کی کوئی ضرورت نہیں۔ میرے رہتے ہوئے اس ریاست پر کوئی دوسرا اپنا جھنڈا نہیں لہرا سکتا۔

رانی درگاوتی کی ہمّت دیکھ کر لوگوں میں جان پڑ گئی اور وہ لڑائی کے لیے تیار ہو گئے۔

رانی نے جنگ کا اعلان کر دیا اور خود ہاتھی پر سوار ہو کر دشمن کے مقابلہ کے لیے پہلے آگے بڑھیں۔ رانی کو میدانِ جنگ میں دیکھ کر سپاہیوں کی ہمت اور بڑھ گئی۔

جنگ کے نقارے بجے، اور دونوں فوجوں نے ایک دوسرے

پر حملہ کردیا۔ تلواریں چمکنے لگیں اور سَر کٹ کٹ کر دھڑ سے الگ ہوکر زمین پر گرنے لگے۔ خون کی ندیاں بہنے لگیں اور رانی درگاوتی نے دوبار آصف خاں کی فوج کو مار بھگایا۔

رانی کی خاص فوج منڈلا میں تھی۔ اس لیے یہ طے پایا کہ پیچھے ہٹ کر منڈلا پہنچنا چاہیئے تاکہ وہاں سے دشمنوں کا پوری طاقت سے مقابلہ کیا جاسکے۔ رانی دشمن سے لڑتی ہوئی سنگور گڑھ سے منڈلا کی طرف ہٹتی جارہی تھیں۔ جب وہ جبل پور کے پاس بارہ گاؤں تک پہنچ گئی تھیں تو یکایک ایسی مصیبت آگئی، جس پر قابو پانا مشکل ہوگیا۔ ہوا یہ کہ موسلادھار بارش کی وجہ سے بارہ گاؤں کے آگے ایک چھوٹی سی پہاڑی ندی میں سیلاب آگیا اور رانی کے لیے آگے بڑھنے کا راستہ ہی بند ہوگیا۔ اس موقع سے فائدہ اٹھاکر آصف خان کی فوج نے رانی کی فوج کو چاروں طرف سے گھیرلیا۔ لیکن رانی اس بار بھی نہیں گھبرائیں اور بڑی بہادری سے دشمن کا مقابلہ کرتی رہیں۔ دائیں بائیں اونچی پہاڑیاں، پیچھے تیز بہتی ہوئی ندی اور سامنے وزنی گولے برساتی ہوئی دشمن کی توپیں۔ بڑا بھیانک سماں تھا۔ رانی کے پاس ایک توپ بھی نہ تھی۔

اس لیے توپ کا جواب توپ سے نہیں دیا جاسکتا تھا۔ لیکن پھر بھی رانی کے سپاہی بڑی بہادری سے لڑتے رہے۔ رانی کا لڑکا ویرنارائن بھی، بری طرح زخمی ہوا۔ اب رانی کے پاس آصف خاں کی ایک بڑی فوج کے مقابلہ میں صرف تین سو سپاہی بچ گئے تھے۔

لیکن اس پر بھی وہ بالکل پریشان نہ ہوئیں۔

ایسے وقت بھی رانی فوج کے آگے آگے تھیں اور اپنے ساتھیوں کی ہمت بڑھا رہی تھیں۔ دشمنوں نے انھیں چاروں طرف سے گھیر رکھا تھا۔ اتنے میں ایک تیر آکر رانی کی آنکھ میں لگا۔ رانی نے اسے کانٹے کی طرح نکال کر پھینک دیا اور اس طرح دشمنوں پر وار کرنے لگیں۔ آنکھ سے تیر تو نکل گیا۔ لیکن اس کا ایک چھوٹا سا ٹکڑا رانی کی آنکھ میں رہ گیا تھا جس کی وجہ سے خون بہنے کے ساتھ ساتھ بہت زیادہ تکلیف ہو رہی تھی، لیکن اس کی ذرا بھی پروا نہ کی۔ اسی وقت ایک دوسرا تیر رانی کے گلے میں آلگا اور وہ خون میں نہا گئیں۔ مہاوت سے رانی کی یہ حالت دیکھی نہ گئی۔ وہ بولا: "مہارانی آپ بُری طرح زخمی ہوگئی ہیں۔ اگر اجازت ہو تو میں آپ کو

کسی طرح بچا کر کوئی محفوظ جگہ لے جاؤں۔" لیکن رانی نے کہا۔" نہیں جہاوت، ایسا ہرگز نہیں ہو سکتا۔ دشمنوں کو پیٹھ دکھانے سے زیادہ اچھا ہے کہ میں لڑتی ہوئی مرجاؤں۔"

ایک ایک کرکے جب رانی کے سپاہی مرنے لگے اور انھوں نے دیکھا کہ وہ اب دشمنوں کے پنجے سے نہیں بچ سکتیں، تو جہاوت سے کہا:" میرا سَر دَھڑ سے الگ کر دو۔" جہاوت بھلا اپنی ہی رانی پر کیسے ہاتھ اٹھا سکتا تھا؟ دشمنوں کے سپاہیوں کو اپنے نزدیک آتے دیکھ کر رانی نے فوراً جہاوت کے ہاتھ سے کٹار چھین کر اپنے سینے میں چبھولیا اور اس طرح اپنے ہی ہاتھوں اپنا کام تمام کرلیا۔

جب آصف خاں اپنے سپاہیوں کے ساتھ رانی کے پاس پہنچا تو کیا دیکھتا ہے کہ وہ مری پڑی ہیں۔

وہ رانی درگاوتی کی بہادری دیکھ کر حیران رہ گیا۔ اور اس نے اسی جگہ پر رانی کی سمادھی بنانے کا حکم دیا۔ یہ سمادھی آج تک بارہ گاؤں کے پاس موجود ہے۔

ہم ہندوستانیوں کا سَر آج بھی فخر سے اونچا ہے کہ ہمارے دیس میں ایسی بہادر عورتیں گزری ہیں جنھوں نے گھر کی چہار

دیواری کے باہر بھی میدانِ جنگ میں اپنی عزّت کے لیے جان دے دی۔

رانی دُرگاوتی کو مرے ہوئے کئی سو برس ہو گئے لیکن آج بھی ان کی بہادری کے قصّے چھوٹے بڑے سب کی زبان پر ہیں۔

چاند بی بی

چاند بی بی کو ہمارے دیس کا بچّہ بچّہ جانتا ہے۔ آج بھی گھر گھر ان کی بہادری کا چرچا ہے۔

چاند بی بی احمد نگر کے بادشاہ حسین نظام کی بیٹی تھیں۔ ان کی والدہ خدیجہ سلطانہ بڑی نیک اور قابل عورت تھیں۔ جنھوں نے چاند بی بی کو پڑھنا لکھنا اور گھر کے کام کاج سکھائے تھے۔ اسی طرح والد نے چاند بی بی کو شروع ہی سے لڑکوں جیسی تعلیم دی۔ جس کی وجہ سے وہ گھوڑے کی سواری، تیر اور تلوار چلانے کے ساتھ ساتھ بندوق چلانے میں بھی ماہر ہوگئی تھیں۔ چاند بی بی کبھی کبھی اپنے والد اور بھائیوں کے ساتھ شکار کھیلنے بھی جاتی تھیں۔

وہ جب بڑی ہوگئیں تو ان کی خوب صورتی، بہادری اور

سمجھداری کی شہرت دور دور تک پھیلنے لگی۔ جس کی وجہ سے دوسری ریاستوں کے کئی شہزادے چاند بی بی سے شادی کرنا چاہتے تھے۔ جب ریاست بیجاپور کے بادشاہ علی عادل شاہ نے بھی چاند بی بی سے شادی کرنی چاہی تو چاند بی بی کے والد حسین نظام شاہ نے یہ سوچ کر کہ اس شادی سے دونوں ریاستوں کی دشمنی دوستی میں بدل جائے گی' یہ رشتہ منظور کرلیا۔ کیوں کہ ان دنوں احمد نگر اور بیجاپور کی ریاستوں میں اکثر جنگ ہوا کرتی تھی۔ اس طرح چاند بی بی کی شادی علی عادل شاہ سے ہوگئی۔ علی عادل شاہ بھی بہت ہی نیک دل اور سمجھ دار تھے۔ چاند بی بی جیسی نیک اور سمجھ دار عورت کو وہ اپنی ملکہ بنا کر بہت خوش تھے۔ وہ اکثر ریاست کے کاموں میں چاند بی بی سے مشورہ لیا کرتے تھے۔ چاند بی بی اکثر مقدموں کے فیصلے کرنے میں بادشاہ کی مدد کرتیں بلکہ وقت پڑنے پر فوجی لباس پہن کر گھوڑے پر سوار میدانِ جنگ میں پہنچ جاتیں اور فوجوں کی کمان کرتیں۔ وہ جنگ کے طریقوں سے اتنی اچھی طرح واقف تھیں کہ بڑے بڑے سپہ سالار بھی ان کے مقابلے میں نہ ٹک سکتے تھے۔

علی عادل شاہ کے کوئی اولاد نہ تھی۔ اس لیے انھوں نے

چاند بی بی کی رضامندی سے اپنے بھتیجے ابراہیم عادل شاہ کو اپنا ولی عہد بنالیا۔ اور اس کی تعلیم و تربیت کا خاص انتظام کیا۔

چاند بی بی اور علی عادل شاہ ہنسی خوشی زندگی کے دن گزار رہے تھے۔ ریاست میں ہر طرف امن تھا' اور ساری رعایا خوش تھی کہ ایک دن اچانک علی عادل شاہ کا انتقال ہوگیا۔ اور ان کی وصیت کو پورا کرنے کے لیے ابراہیم عادل شاہ کو بیجاپور کا بادشاہ بنایا گیا۔ گو ابراہیم عادل شاہ بادشاہ تھے۔ لیکن سلطنت کا سارا کام چاند بی بی ہی کیا کرتی تھیں۔ چاند بی بی نے جب دیکھا کہ ملک کا انتظام اچھی طرح چل رہا ہے اور ابراہیم عادل شاہ خود ریاست کے کاروبار سنبھال سکتے ہیں تو وہ بیجاپور کی حکومت کا سارا انتظام ان کے ہاتھوں میں دے کر اپنے وطن احمد نگر چلی گئیں تاکہ زندگی کے باقی دن خدا کی یاد میں گزار دیں۔

جب چاند بی بی احمد نگر پہنچیں تو انھوں نے دیکھا کہ آپس کے جھگڑوں کی وجہ سے شاہی خاندان بہت کمزور ہوگیا اور رعایا میں ہر طرف بےچینی پھیلی ہوئی ہے۔ ان حالات سے وہ بہت پریشان ہوئیں۔ اور ریاست کو سدھارنے کے بارے میں سوچ

ہی رہی تھیں کہ چند غدار سرداروں نے لالچ میں آکر اکبر بادشاہ کو لکھ بھیجا کہ وہ اس موقع سے فائدہ اٹھاکر احمد نگر پر حملہ کردیں کیوں کہ اس وقت کسی میں مقابلہ کرنے کی ہمت نہیں ہے۔

جوں ہی اکبر بادشاہ کو یہ خط ملا انھوں نے اپنے شہزادے مراد کو تیس ہزار کی بھاری فوج دے کر احمد نگر پر حملہ کرنے کے لیے روانہ کردیا۔ جب اکبر بادشاہ کی فوج احمد نگر پہنچ گئی تو رعایا بہت پریشان ہوگئی کیوں کہ انھیں یقین تھا کہ دم بھر میں احمد نگر پر اکبر بادشاہ کی فوجوں کا قبضہ ہوجائے گا۔ لیکن چاند بی بی بالکل نہ گھبرائیں بلکہ انھوں نے اپنی رعایا کو ہمت دلائی اور کہا کہ جیسے بھی ہوگا میں احمد نگر پر مغلوں کی فوج کو قبضہ نہ کرنے دوں گی۔

چاند بی بی نے فوراً شہر کی حفاظت کے لیے مورچے بنوائے۔اناج اور دوسری کھانے کی چیزیں بڑی مقدار میں قلعہ میں اکٹھا کرلیں تاکہ بہت دنوں تک قلعہ میں رہ کر دشمن کا مقابلہ کیا جاسکے۔

قلعہ کی فصیلوں پر گولہ بارود اور توپیں رکھوادیں اور حکم دے دیا کہ جوں ہی مراد کی فوجیں احمد نگر کا رُخ کریں تو ان پر توپوں سے گولے برسائے جائیں۔ اسی کے ساتھ ساتھ چاند بی بی نے بیجاپور اور گولکنڈے سے بھی فوجوں کی مدد مانگی۔ کیوں کہ احمد نگر کی فوج

مغل فوجوں کے مقابلے میں بہت تھوڑی تھی۔

مغلوں کی فوج کے احمد نگر پر حملہ کرنے سے بہت پہلے ہی چاند بی بی نے اپنے بچاؤ کا سارا انتظام کر لیا۔ شہزادہ مراد نے احمد نگر پہنچ کر قلعہ کو اپنی فوجوں سے گھیر لیا۔ اور کوشش کرتا رہا کہ کسی طرح مغل فوج قلعہ کے اندر پہنچ جائے لیکن لگاتار کوشش کے باوجود اسے کامیابی نہ ہو سکی۔ وہ سمجھ رہا تھا کہ چند ہی دنوں میں قبضہ کر لے گا۔ لیکن اس طرح مہینے گزر گئے اور قلعہ کی اینٹ تک نہ ہلی۔ مغل فوجوں نے بار بار خندق کو پاٹ کر قلعے میں داخل ہونا چاہا مگر قلعے والوں نے اس کا موقع ہی نہ دیا۔ بلکہ احمد نگر کی فوج کے سپاہی راتوں میں قلعہ سے نکل نکل کر الٹے مغلوں کی فوجوں پر چھاپے مارنے لگے۔ مراد نے جب دیکھا کہ احمد نگر کا قلعہ فتح کرنا بہت مشکل ہے تو اس نے قلعہ کے اطراف سُرنگیں کھدوا کر ان میں بارود بچھا دی تاکہ ان میں آگ لگا کر قلعہ کی فصیلوں کو اڑا دیا جائے۔ لیکن چاند بی بی کو کسی طرح جب یہ معلوم ہو گیا تو انھوں نے اپنے سپاہیوں کے ذریعہ راتوں رات سُرنگوں میں بچھائی ہوئی بارود کو نکلوا دیا۔ لیکن ایک سُرنگ کا پتہ نہ چل سکا۔ چنانچہ جب مغل فوج نے اس

سُرنگ میں آگ لگادی تو ایک زبردست دھماکہ ہوا اور قلعہ کی فصیل کا ایک بڑا حصّہ گر پڑا۔ یہ دیکھ کر چاند بی بی کے سپاہیوں کی ہمت ٹوٹ گئی اور وہ بھاگ کھڑے ہوئے. ایسے نازک وقت میں شیر دل چاند بی بی چہرہ پر نقاب ڈالے، ہاتھ میں تلوار لیے، ننگے پاؤں اس ٹوٹی ہوئی فصیل پر جا کھڑی ہوئیں۔ اور اپنے سپاہیوں کی ہمّت بندھانے لگیں اور پکار پکار کر انھیں غیرت دلائی کہ دشمنوں کو پیٹھ دکھا کر بھاگ جانے سے یہ کہیں بہتر ہے کہ وطن کے لیے لڑتے لڑتے جان دے دیں۔ چاند بی بی کی یہ بہادری اور ہمّت دیکھ کر بھاگتے ہوئے سپاہی واپس آگئے اور پوری قوت سے مغلوں کی فوج پر ٹوٹ پڑے۔ دونوں فوجوں میں خوب جنگ ہوتی رہی۔ مغل فوج نے قلعہ میں داخل ہونے کی جان توڑ کوشش کی لیکن فصیل پر کھڑی ہوئی چاند بی بی نے انھیں مار بھگایا اور جب لڑتے لڑتے رات ہوگئی تو مغل فوجیں پیچھے ہٹنے لگیں۔ چاند بی بی تمام رات فصیل پر کھڑی رہیں اور اس ٹوٹے ہوئے حصّہ کو رات بھر میں بنوا دیا۔

دوسرے دن جب صبح کو مغل فوج کے سپاہی فصیل کے اس ٹوٹے ہوئے حصّے پر حملہ کرنے پہنچے تو یہ

دیکھ کر حیران رہ گئے کہ وہاں پھر سے فصیل کھڑی کر دی گئی ہے۔ مغل فوج کیوں کہ خود بہادر فوج تھی ایک عورت کی یہ بہادری دیکھ کر بہت خوش ہوئی اور آخرکار شہزادۂ مراد نے چاند بی بی سے صلح کرلی اور چاند بی بی کو ان کی بہادری پر "چاند سلطانہ" کا خطاب دیا۔ اس کے بعد سے وہ چاند سلطانہ کہلانے لگیں۔

اس صلح کے کچھ ہی دنوں بعد احمد نگر میں پھر پہلے جیسے جھگڑے شروع ہو گئے۔ جن کو چاند سلطانہ نے بڑی ہوشیاری سے ختم کردیا اور بہادر شاہ کو بادشاہ بنا کر خود حکومت کے کاروبار چلانے لگیں۔ جب سلطنت میں حالات سدھر گئے اور رعایا آرام سے زندگی گزارنے لگی تو یہ دیکھ کر چند غدار سردار چاند سلطانہ سے جلنے لگے اور انھوں نے پھر ایک بار اکبر بادشاہ کی فوجوں کو احمد نگر پر حملہ کرنے کے لیے بلایا۔ چونکہ شہزادہ مراد اس وقت تک مر چکا تھا۔ اکبر بادشاہ نے دوسرے شہزادے دانیال کو تیس ہزار فوج دے کر احمد نگر روانہ کیا۔

اس مرتبہ بھی چاند سلطانہ نے قلعہ کی حفاظت کی پوری طرح تیاری کی لیکن رعایا کے آپس کے جھگڑے اتنے بڑھ چکے تھے کہ وہ ایک خیال ہوکر اپنے وطن کو مغلوں کے حملہ سے نہ بچا سکتے تھے۔ یہ حالت دیکھ کر چاند سلطانہ چاہتی تھیں کہ مغلوں سے جنگ کرنے کے بجائے صلح کرلینا زیادہ اچھا ہوگا۔ لیکن چاند سلطانہ کے دشمن غدّار سرداروں نے ساری رعایا میں ایک جھوٹی خبر پھیلادی کہ چاند سلطانہ مغلوں سے مل گئی ہیں۔ اور احمد نگر مغلوں کے حوالے کرکے خود حکومت چلانا چاہتی ہیں۔ یہ جھوٹی خبر پھیلاکر ان غدّار سرداروں نے چاند سلطانہ کو گرفتار کرکے قتل کرڈالا اور اس کے بعد ہی مغل فوجوں نے احمد نگر پر قبضہ کرلیا۔

چاند سلطانہ تو ایک عورت تھیں لیکن بہادری اور وطن سے محبّت میں وہ مردوں سے کہیں آگے تھیں۔ وہ شاہی خاندان میں پیدا ہوئی تھیں۔ اس کے باوجود انھوں نے اپنے وطن اور رعایا

کی بھلائی کے لیے ساری زندگی مصیبت میں گزار دی۔
اور آخر ایک دن وطن ہی کے لیے اپنی جان قربان
کردی۔

رانی اہلیا بائی

آنند راؤ ایک زمیندار تھے۔ بھگوان کا دیا سب کچھ تھا لیکن اولاد نہ ہونے کی وجہ سے ہمیشہ اداس رہتے تھے۔ ایک دفعہ ایک سادھو آنند راؤ کے گاؤں سے گزر رہا تھا اور پیاس کے مارے اس کا برا حال تھا۔ وہ پانی کے لیے ان کے گھر گیا۔ تو انھوں نے اُس کو ٹھنڈا شربت پلایا۔ سادھو نے خوش ہوکر انھیں دعا دی اور کہا کہ وہ دونوں میاں بیوی کولہاپور جاکر دیوی کی سیوا کریں تو ان کے دل کی خواہش پوری ہو جائے گی۔

سادھو کے کہنے پر آنند راؤ اپنی بیوی کو ساتھ لے کر کولہاپور گئے اور رات دن دیوی کی پوجا کرنے لگے۔ ایک رات دیوی نے آنند راؤ کی بیوی کو خواب میں درشن دیے اور کہا کہ میں خود تیرے گھر جنم لوں گی۔ دیوی کے درشن ہونے کے بعد

دونوں میاں بیوی اپنے گاؤں واپس آگئے اور ہنسی خوشی دن گزارنے لگے۔ آخر کولھاپور سے واپس آنے کے ایک سال بعد دیوی کا کہا پورا ہوا اور آنند راؤ کے گھر ایک لڑکی پیدا ہوئی جس کا نام اہلیا بائی رکھا گیا۔

اہلیا بائی اتنی خوبصورت تو نہ تھیں لیکن بچپن ہی سے بہت ہوشیار اور پڑھنے لکھنے کی شوقین تھیں۔ اور ساتھ ہی ساتھ بہت بہادر اور نڈر تھیں۔ وہ چھوٹی سی عمر ہی میں سنسکرت زبان میں اس قدر ماہر ہوگئی تھیں کہ بڑے بڑے پڑھے لکھے لوگ بھی ان کی گفتگو سن کر دنگ رہ جاتے تھے۔

ایک مرتبہ ملہار راؤ ہولکر اور ان کے وزیر رگھوناتھ راؤ پیشوا ایک جنگ سے راجدھانی ہوکر واپس ہوتے ہوئے راستہ میں اہلیا بائی کے گاؤں میں ٹھہرے۔ صبح جب ملہار راؤ گاؤں میں گھومنے نکلے تو ان کی نظر اہلیا بائی پر پڑی اور اسی وقت انھوں نے اپنے دل میں فیصلہ کرلیا کہ اپنے لڑکے کھنڈے راؤ کی شادی اس لڑکی سے کردی جائے، چنانچہ انھوں نے اسی وقت اہلیا بائی کے باپ کو بلایا اور اپنا ارادہ ظاہر کیا۔ جس کو سن کر وہ بھی راضی ہوگئے۔ اس وقت اہلیا بائی کی عمر

مشکل سے بارہ سال تھی۔

راجدھانی ہولکر واپس جانے کے بعد ملہارراؤ نے اپنے لڑکے کھنڈرے راؤ کی شادی اہلیا بائی سے کردی۔ گو اہلیا بائی کا جنم گاؤں میں ہوا تھا۔ لیکن پڑھی لکھی اور سمجھدار ہونے کی وجہ سے وہ محل میں رانیوں جیسی ہی رہنے لگی۔ سسرال کے سب ہی لوگ اہلیا بائی کی نیک طبیعت اور ملنساری سے خوش تھے۔ ان کے شوہر کھنڈرے راؤ تو اہلیا بائی سے اتنے خوش تھے کہ کبھی بھی وہ ان کو نظروں سے دور نہ ہونے دیتے تھے۔ لیکن قسمت کی کرنی ایسی ہوئی کہ شادی کے دو سال بعد ہی کھنڈرے راؤ جاٹوں سے لڑتے ہوئے ایک جنگ میں مارے گئے اور اہلیا بائی کی زندگی کی ساری خوشیاں ختم ہوگئیں۔ شوہر کی موت کے دُکھ کو وہ برداشت نہ کرسکتی تھیں۔ اس لیے وہ اپنے شوہر کے ساتھ ہی چتا کی آگ میں جل کر مرجانا چاہتی تھیں۔ لیکن ان کے سسر ملہارراؤ نے انھیں ایسا کرنے سے روک دیا۔ شوہر کے مرنے کے بعد اہلیا بائی نے زندگی بھر کبھی اچھا کپڑا اور اچھا کھانا استعمال نہیں کیا۔

کھنڈرے راؤ کے مرنے کے بعد ان کے باپ ملہارراؤ نے

ریاست کا سارا کام کاج اپنی بہو اہلیا بائی کے ذمے کر دیا۔ اور خود زندگی کے باقی دن بھگوان کی یاد میں گزارنے لگے۔ کچھ ہی دنوں بعد ملہار راؤ ہولکر کا بھی انتقال ہو گیا اب خاندان میں صرف اہلیا بائی اور ان کا لڑکا مالی راؤ رہ گئے تھے۔ چنانچہ اہلیا بائی نے ملہار راؤ کے مرنے کے بعد مالی راؤ کو گدّی پر بٹھایا۔ لیکن رعایا کے ساتھ اس کا برتاؤ بہت برا تھا۔ اور سب اس سے بیزار تھے۔ گدّی پر بیٹھے ابھی نو مہینے بھی نہ ہونے پائے کہ اس کا بھی انتقال ہو گیا۔ اس کے بعد اہلیا بائی نے خود راج پاٹ کے کام کو اپنے ہاتھ میں لے لیا۔ اور بڑی ہوشیاری سے ریاست کے کاروبار چلانے لگیں۔

اہلیا بائی جنگ کے طریقوں سے بھی اچھی طرح سے واقف تھیں۔ چنانچہ جب ان کے دیوان گنگا دھر نے بغاوت کی تو اس کو دبانے کے لیے اہلیا بائی خود میدانِ جنگ میں گئیں اور ڈٹ کر مقابلہ کیا۔ گنگا دھر اہلیا بائی کی فوج کا مقابلہ نہ کر سکا اور ہار گیا۔ بعد میں جب اس نے اہلیا بائی سے معافی مانگی تو رحم دل رانی نے اسے معاف کر دیا۔

ایک اور بار جب اودے پور کے رانا نے اہلیا بائی کو

کمزور جان کر ان کی ریاست پر حملہ کر دیا تو انھوں نے بڑی بہادری سے اس کا مقابلہ کیا۔ رانی خود تلوار لے کر جنگ کے میدان میں کود پڑیں۔ وہ جس طرف بھی بڑھتیں دشمنوں کی فوج بھاگ کھڑی ہوتی۔ رانا کے حملہ کا اہلیا بائی نے منھ توڑ جواب دیا۔ رانا اور اس کی فوج بھاگ کھڑی ہوئی اور آخرِ کار رانا کو اہلیا بائی سے صلح کرنی ہی پڑی۔

اہلیا بائی جہاں میدانِ جنگ میں ایک بہادر سپہ سالار تھیں وہیں رعایا کی بھلائی کے کاموں میں بھی کسی سے پیچھے نہ تھیں۔ اہلیا بائی اپنی رعایا کی بھلائی کا بڑا خیال رکھتی تھیں۔ اسی وجہ سے ساری رعایا ان سے خوش تھی۔

ان دنوں اندور ایک چھوٹا سا قصبہ تھا۔ جس کو رانی نے اپنی کوششوں سے ایک بڑے شہر میں بدل دیا۔ وہاں بڑی بڑی عمارتیں اور سڑکیں بنوائیں۔ چنانچہ ایک سڑک بندھیاچل پہاڑ کے اوپر سے بنوائی تھی۔ جو آج تک موجود ہے۔ چور اور ٹھگوں کو زمین دے کر انھیں لوٹ مار سے روکا۔ مقدس مقامات پر گھاٹ بنوائے اور یاتریوں کے آرام کے لیے جگہ جگہ دھرم شالے بنوائے۔

اہلیا بائی اپنے دھرم کی بہت پابند تھیں۔ وہ صبح سویرے ہی اٹھ جاتیں۔ اشنان کرکے پوجا پاٹ کرتیں اور اس کے بعد برہمنوں کو اچھے اچھے کھانے کھلاتیں۔ لیکن خود سب سے آخر میں بالکل سادہ کھانا کھاتی تھیں۔ اُن کے محل کے دروازے امیر غریب سب کے لیے کھُلے تھے۔ دوپہر تک راج پاٹ کے کاموں میں لگی رہتیں۔ پھر تھوڑا سا کھانا کھاکر پوجا پاٹ میں وقت گزارتیں اور پھر رات کے نو بجے سے گیارہ بجے تک ریاست کے کام میں لگی رہتیں۔

اہلیا بائی کو جھوٹی شان بالکل پسند نہ تھی۔ ایک دفعہ ایک پنڈت نے اُنھیں خوش کرنے کے لیے ان کی تعریف کے پُل باندھ دیے۔ رانی یہ سُن کر خوش ہونے کی بجائے، پنڈت جو کچھ لکھ کر لایا تھا اسے دریا میں پھینک دیا۔

اہلیا بائی نے تیس سال تک بڑی آن بان سے راج کیا۔ اور آخر ساٹھ سال کی عمر میں اُن کا انتقال ہوگیا۔

اہلیا بائی جب تک راج کرتی رہیں ریاست میں ہر طرف امن تھا اور رعایا ہر طرح آرام میں تھی۔ ان کے انصاف کی

وجہ سے امیر غریب سب ہی ان کی عزّت کرتے تھے۔ اہلیا بائی کی ان ہی خوبیوں کی وجہ سے آج تک لوگ اُنھیں عزّت سے یاد کرتے ہیں اور مالوہ میں تو انھیں اوتار سمجھ کر ان کی پوجا بھی کی جاتی ہے۔

نور جہاں

ہندوستان میں ملکہ نور جہاں کو کون نہیں جانتا۔ ان کی بہادری اور سمجھ داری کے قصے آج بھی لوگوں کی زبان پر ہیں۔

نور جہاں کا اصلی نام مہرالنسار تھا۔ وہ ایران کے ایک اونچے خاندان میں پیدا ہوئیں۔ ان کے والد مرزا غیاث الدین ایران کے بادشاہ کے درباری تھے۔ لیکن ایک مرتبہ کسی بات پر بادشاہ سے ان کی ان بن ہو گئی تو ناراض ہو کر ایران سے باہر چلے جانے کا حکم دے دیا۔ چنانچہ مرزا غیاث اپنی بیوی کو لے کر ایک قافلہ کے ساتھ ایران سے نکل کر ہندوستان کی طرف آنے لگے کہ اسی پریشانی کی حالت میں راستہ ہی میں ان کی بیوی کو ایک لڑکی پیدا ہوئی۔ اور یہی لڑکی مہرالنسار تھیں۔ جو بعد میں ملکہ نور جہاں بن گئیں۔ اب مرزا غیاث بڑی فکر میں

پڑ گئے کہ کس طرح اس ننھی سی بچّی کو لے کر اپنا سفر جاری رکھیں۔ سخت دھوپ اور گرمی کی وجہ سے یہ ننھّی بچّی بے چین ہوکر بہت رو رہی تھی۔ انھیں کچھ سمجھ میں نہ آرہا تھا کہ کیا کریں۔ بڑی دیر سوچ بچار کے بعد ماں باپ نے یہ فیصلہ کیا کہ اس بچّی کو اللہ کے نام پر جنگل ہی میں چھوڑ دیا جائے۔ چنانچہ ماں نے ایک گھنے درخت کی چھاؤں میں سوکھے پتّے بچھاکر اس پر بچّی کو ڈال دیا۔ اور قافلہ آگے چل پڑا۔ لیکن کچھ دور نہ جاتے پائے تھے کہ ماں اپنی بیٹی کی یاد میں تڑپ اٹھی اور دوڑی دوڑی واپس بچّی کے پاس جاکر اس کو اٹھالیا اور پھر سے قافلے کے ساتھ چلنے لگی۔

قافلہ کے سردار نے مرزا غیاث کی پریشانیوں اور مصیبتوں کا حال سن کر انھیں تسلّی دی اور وعدہ کیا کہ وہ ہندوستان پہنچ کر بادشاہ اکبر سے سفارش کرکے کوئی نوکری دلادیں گے۔ چنانچہ جب مرزا غیاث الدّین ہندوستان پہنچ گئے، تو بادشاہ اکبر ان کے باپ دادا کا نام سُن کر بڑی عزّت سے پیش آیا اور ایک ہزار تنخواہ کی نوکری دے کر اپنے محل کے ایک حصّہ میں رہنے کا بندوبست کردیا۔ اس طرح اب مرزا غیاث الدّین بڑے

آرام سے زندگی گزارنے لگے۔

تھوڑے ہی دنوں میں اکبر بادشاہ نے مرزا غیاث کو ان کی ایمانداری اور قابلیت کی وجہ سے کابل کا وزیر بنادیا۔ نورجہاں کی والدہ بھی پڑھی لکھی عورت تھیں۔ اس لیے انھوں نے شروع ہی سے اپنی بیٹی کی تعلیم و تربیت کا خاص خیال رکھا۔ تھوڑے ہی دنوں میں نورجہاں عربی اور فارسی اچھی طرح لکھنے پڑھنے لگیں۔ اور اس کے ساتھ ساتھ تلوار چلانا، شکار کھیلنا اور گھوڑے کی سواری کرنا بھی سیکھ لیا۔ محل کی ساری عورتیں نورجہاں کو بہت چاہتی تھیں اور اکبر کی رانی جودھا بائی کو تو اُن سے بے حد پیار تھا۔ سارے محل میں نورجہاں کی خوبصورتی، سمجھداری اور ملنساری کی تعریف ہوتی تھی۔

جب وہ پندرہ سال کی ہوگئیں تو اُن کی شہرت سُن کر بہت سے امیران سے شادی کرنا چاہتے تھے۔ چنانچہ اکبر بادشاہ کا بیٹا شہزادۂ سلیم بھی ان سے شادی کرنا چاہتا تھا۔ جب اکبر بادشاہ کو اس بات کی خبر ہوئی تو انھوں نے اس شادی کی اجازت نہ دی۔ آخر میں نورجہاں کی شادی ڈھاکہ کے گورنر شیر افگن سے کردی گئی۔ شادی کے بعد نورجہاں

نے ہمیشہ اپنے شوہر کو خوش رکھنے کی کوشش کی۔ شیر افگن بھی ان کی اچھی عادتوں اور محبّت کو دیکھ کر بہت خوش رہاکرتا تھا۔

جب اکبر بادشاہ کا انتقال ہوگیا تو شہزادہ سلیمؔ نورالدین جہانگیر کے نام سے تخت پر بیٹھا۔ نورجہاں کے شوہر شیر افگن کو اپنی بہادری پر بڑا گھمنڈ تھا۔ جس کی وجہ سے وہ بادشاہ کے حکم کی بھی پروا نہ کرنے لگا۔ جہانگیر نے یہ دیکھ کر اپنے ایک سردار قطب الدّین کو شیر افگن کے پاس بھیجا تاکہ وہ اسے سمجھائے۔ جب قطب الدّین شیر افگن سے ملا تو اس نے بہت ہی بے پرواہی سے بات چیت کی۔ جس پر قطب الدّین کو غصّہ آگیا اور جب بات بہت بڑھ گئی تو شیر افگن نے غصّہ کی حالت میں اپنی تلوار سے قطب الدّین کو قتل کرڈالا۔ یہ دیکھ کر قطب الدّین کے ساتھیوں نے بھی شیر افگن کو وہیں ختم کردیا۔ اور نورجہاں کو قید کرکے جہانگیر کے پاس دہلی لے آئے۔

دہلی آنے کے بعد نورجہاں کو شاہی محل میں رکھاگیا۔ محل میں ہرطرح کا آرام ہونے کے باوجود نورجہاں ہمیشہ اداس

رہنے لگیں۔ انھیں اپنے شوہر کی موت کا بہت غم تھا۔ جہانگیر نے کئی مرتبہ نور جہاں سے شادی کرنے کا خیال ظاہر کیا۔ لیکن وہ انکار ہی کرتی رہیں۔ اس طرح چھ سال گزر گئے۔ تو ایک دن جہانگیر نے اپنی ماں سے کہا کہ وہ نور جہاں کو شادی کے لیے رضامند کرے اور آخر ماں کی کوششوں سے جہانگیر کی شادی نور جہاں سے ہوگئی۔ شادی کے بعد سے جہانگیر انھیں مہرالنسار کی بجائے "نور جہاں" کے نام سے پکارنے لگا۔

نور جہاں ملکہ بن جانے کے تھوڑے ہی دنوں بعد ریاست کے سارے کاروبار کو اچھی طرح سمجھ گئیں اور حکومت چلانے میں بادشاہ جہانگیر کی مدد کرنے لگیں۔ سلطنت کے سارے کام وہی کرتیں۔ یہاں تک کہ جنگ کے نقشے بناتیں اور دربار میں فیصلے کرتے وقت پردے میں بیٹھی ہوئی بادشاہ کو مشورے دیا کرتی تھیں۔ جہانگر کو نور جہاں اپنی جان سے بھی زیادہ عزیز تھیں۔ اور وہ ان کے مشورے کے بغیر کوئی کام نہ کرتا تھا۔ سارے سرکاری کاغذات اور سکّے پر جہانگیر کے ساتھ نور جہاں کا نام بھی لکھا جاتا تھا۔

نور جہاں نے بعض دفعہ تو مردوں سے بھی زیادہ ہمت اور بہادری دکھائی۔ اور ہر مصیبت میں جہانگیر کا ساتھ دیا۔ چنانچہ ایک مرتبہ جہانگیر دریائے جہلم پار کر رہا تھا کہ اسی کے ایک سردار مہابت خاں نے پانچ ہزار راجپوت سپاہیوں کو لے کر اسے گرفتار کر لیا۔ کیوں کہ وہ شہزادہ شاہ جہاں کا طرفدار تھا جسے جہانگیر نے بغاوت کرنے پر قید کر لیا تھا۔ ایسی پریشانی کے وقت بھی نور جہاں بالکل نہ گھبرائیں بلکہ مردانہ کپڑے پہن کر دریا پار کر لیا اور ایک ہزار کی فوج جمع کر کے جہانگیر کو قید سے چھڑانے کے لیے مہابت خاں کے مقابلے کے لیے پہنچ گئیں۔ نور جہاں کے دریا پار کرتے ہی مہابت خاں نے دریا کا پُل جلا دیا۔ اس لیے نور جہاں کے لیے دوبارہ فوج کو لے کر دریا پار کرنا بہت مشکل ہو گیا تھا۔ پھر بھی انھوں نے اپنی فوج کو دریا میں اتار دیا۔ ایک طرف دریا میں طوفان آیا ہوا تھا تو دوسری طرف نور جہاں کے تیرتے ہوئے سپاہیوں پر مہابت خاں کے راجپوت سپاہی تیر پر تیر برسا رہے تھے۔ ایسی مصیبت کے وقت نور جہاں کی فوج کے سپاہی گھبرا کر پیچھے ہٹنے لگے تھے۔ یہ دیکھ کر نور جہاں ایک ہاتھی پر سوار

ہو کر دریا میں اتر گئیں اور سپاہیوں کی ہمت بڑھانے لگیں۔ اور خود فوج کے آگے آگے چلنے لگیں۔ ہاتھی پر سے نورجہاں نے اپنے تیروں سے مہابت خاں کے بہت سے سپاہیوں کو مار ڈالا۔ اس طرح اپنی فوج کو ساتھ لے کر وہ دریا کے دوسرے کنارے پہنچ گئیں۔ مہابت خاں، نورجہاں کی بہادری اور ہمت دیکھ کر پریشان ہو گیا اور مکاری سے کام لے کر دھوکے سے انھیں قید کر لیا۔ اور جہانگیر کا وہ فرمان دکھایا جس میں نورجہاں کو قتل کر دینے کا حکم تھا۔ یہ فرمان مہابت خاں نے جہانگیر سے نشہ کی حالت میں لکھوایا تھا اور اس پر دستخط بھی لے لیے تھے۔ نورجہاں نے جہانگیر کے اس حکم کو بڑے اطمینان سے سنا اور مہابت خاں سے کہا کہ مرنے سے پہلے وہ صرف ایک بار بادشاہ جہانگیر کو دیکھنا چاہتی ہیں۔ مہابت خاں کو بھلا اتنی سمجھ کہاں تھی؟ اس نے نورجہاں کو جہانگیر سے ملنے کی اجازت دیدی۔ جب نورجہاں، جہانگیر کے پاس پہنچیں تو ان کی عجیب حالت تھی، میلے کچیلے کپڑے، ہاتھوں اور پیروں میں ہتھکڑیاں اور بیڑیاں پڑی تھیں۔ جوں ہی جہانگیر کی نظر نورجہاں پر پڑی تو ان کی آنکھوں سے آنسو نکل گئے اور اس نے فوراً

زنجیریں اتارنے کا حکم دیا۔ نور جہاں کو قید سے چھوٹا ہوا دیکھ کر جہانگیر کی فوج کے سپاہیوں میں ایک نئی جان پڑ گئی ۔ اور انھوں نے مہابت خاں کی فوج پر اچانک حملہ کر دیا۔ اس دفعہ نور جہاں نے پہلے سے بھی زیادہ بہادری سے کام لے کر مہابت خاں کی فوج کو مار بھگایا اور اس طرح جہانگر کو قید سے آزاد کر کے وہ پھر سے ملکہ بن گئیں۔

نور جہاں اکثر جہانگیر کے ساتھ شکار کو بھی جایا کرتی تھیں۔ ایک دفعہ جب کہ جہانگر ہاتھی پر بیٹھ کر شیر کا شکار کر رہا تھا۔ اور نور جہاں گھوڑے پر سوار تھیں کہ اتنے میں ایک شیر نے ہاتھی کے پیچھے سے بادشاہ پر اچانک حملہ کر دیا۔ شیر ہاتھی کی پیٹھ پر پہنچ گیا تھا اور بادشاہ کو ختم ہی کر دیتا اگر اسی وقت نور جہاں اسے گولی مار کر نہ گرا دیتیں۔ نور جہاں کی اس بہادری کا ساری سلطنت میں چرچا ہوا۔

نور جہاں رعایا کی بھلائی کے بہت سارے کاموں کے ساتھ ساتھ یتیم بچوں اور بیوہ عورتوں کی بھی ہر وقت مدد کرتی رہیں۔ انھوں نے کئی غریب لڑکیوں کی شادی اپنے خرچے سے کروائی تھی۔ کہتے ہیں کہ اس طرح نور جہاں نے

تقریباً پانچ ہزار یتیم اور غریب لڑکیوں کی شادیاں کروائیں۔

بادشاہ جہانگیر کے انتقال کے بعد نور جہاں بہت ہی سادہ زندگی گزارنے لگیں۔ وہ اپنا سارا وقت پڑھنے لکھنے اور نیک کاموں میں گزارتیں۔ جہانگیر کے انتقال کے اٹھارہ سال بعد ۷۲ سال کی عمر میں نور جہاں کا بھی انتقال ہوگیا اور انھیں جہانگیر کے پاس ہی شاہدرہ، لاہور میں دفن کیا گیا۔

ایک ایسی لڑکی جو جنگل میں پیدا ہوئی تھی اور ماں باپ جسے بوجھ سمجھ کر جنگل میں ہی چھوڑ دینا چاہتے تھے۔ آگے چل کر ایسی بہادر اور سمجھ دار ملکہ بنی کہ جس کی مثال مشکل ہی سے ملتی ہے۔

مہارانی جھانسی

کہا جاتا ہے کہ عورت گھر کے کام کاج کے سوا دوسرا کوئی کام نہیں کرسکتی۔ لیکن ہندوستانی عورت کسی زمانے میں بھی مرد سے کسی طرح کم نہیں رہی۔ ہندوستانی عورت کو کمزور سمجھنے والوں کے لیے مہارانی جھانسی کی زندگی ایک منھ توڑ جواب ہے۔ انھوں نے یہ ثابت کردیا کہ ہندوستانی عورت نہ صرف گھر کے کاروبار سنبھالتی ہے بلکہ وقت آنے پر میدانِ جنگ میں بھی کود پڑتی ہے۔ ایسی کتنی ہی بہادر عورتوں سے ہمارے دیش کی تاریخ بھری پڑی ہیں اوران میں سب سے زیادہ مشہور جھانسی کی رانی ہیں۔

یہ بہادر رانی ۱۶ر نومبر ۱۸۳۵ء کو کاشی میں باجی راؤ پیشوا کے ایک سردار موروپنتھ کے گھر پیدا ہوئیں جن کا نام منوہربائی

رکھا گیا۔ ان کی ماں کا نام بھاگیرتی تھا۔

باجی راؤ پیشو، سردار کی اس لڑکی کو بہت چاہتے تھے۔ اسی لیے جھانسی کی رانی کی تعلیم و تربیت شروع ہی سے پیشوا کے محل میں ہوئی۔ اسی محل میں انھوں نے پڑھائی لکھائی کے ساتھ گھوڑے کی سواری، تیر اور تلوار چلانا بھی سیکھا۔

جب رانی بڑی ہوگئیں تو ان کی خوبصورتی، نیکی اور بہادری کے چرچے دور دور تک ہونے لگے۔ چنانچہ جب جھانسی کے راجہ کے کانوں تک یہ بات پہنچی تو انھوں نے راج کمار گنگا دھر راؤ کی شادی رانی سے کرنی چاہی۔ باجی راؤ پیشوا نے بھی اس رشتہ کو منظور کرلیا۔ اور اس طرح ۱۸۴۲ء میں منوہر بائی کی شادی، جھانسی کے راج کمار گنگا دھر سے ہوگئی۔ جب منوہر بائی سسرال گئیں تو ان کو "لکشمی بائی" کے نام سے پکارا جانے لگا۔

لکشمی بائی بچپن ہی سے بہت نیک اور ملنسار تھیں، چنانچہ تھوڑے ہی دنوں میں انھوں نے سسرال والوں کو اپنا بنالیا اور تمام رعایا بھی ان کو چاہنے لگی۔

جھانسی کے راجہ بھی اپنی بہو لکشمی بائی سے بہت خوش تھے۔ لیکن یہ خوشی وہ زیادہ دنوں تک نہ دیکھ سکے۔ اور ایک دن ان کا انتقال ہوگیا۔ راجہ کے مرنے کے بعد راج کمار گنگا دھر جھانسی کے راجہ بن گئے۔

راجہ بننے کے بعد گنگادھر نے اپنی سمجھ دار بیوی مہارانی جھانسی کے مشوروں پر رعایا کی بھلائی کے بہت سے کام کیے۔ جس کی وجہ سے سب ہی لوگ راجہ اور رانی سے بہت خوش تھے۔ ۱۸۵۱ء میں رانی کو ایک لڑکا پیدا ہوا لیکن وہ تین سال کی عمر میں ہی چل بسا۔ جھانسی کی رانی اپنے اکلوتے بیٹے کی موت کے دُکھ کو بھلا بھی نہ سکی تھیں کہ راجہ کا بھی انتقال ہوگیا۔ اوراس طرح رانی جوانی ہی میں بیوہ ہوگئیں اور ان کی ہنسی خوشی کی زندگی غم میں بدل گئی۔

مہارانی جھانسی نے اپنے بچّے کے انتقال کے بعد راجہ کی زندگی ہی میں ایک پانچ سال کے بچّے کو گود لیا تھا اور راجہ نے اس زمانے کے انگریز گورنر جنرل کو اس بات پر راضی کرلیا تھا کہ اگر وہ مرجائیں تو اس بچّے کے بڑے ہونے تک رانی کو مہارانی جھانسی بنایا جائے اور وہی ریاست کے

کاروبار کی دیکھ بھال کریں گی۔ ابھی وہ گود لیا ہوا بچہ بڑا بھی نہ ہونے پایا تھا کہ راجہ گنگادھر کا انتقال ہوگیا۔ گورنر جنرل ڈلہوزی تو شروع ہی سے جھانسی کی ریاست پر نظر لگائے بیٹھا تھا۔ اس موقع سے فائدہ اٹھاکر اس نے راجہ کی وصیت کو پورا نہ کیا کیوں کہ وہ تو چاہتا تھا کہ ایسے وقت جب کہ جھانسی کے شاہی خاندان میں کوئی مرد نہیں ہے ریاست پر قبضہ کرکے مہارانی جھانسی کو نکال باہر کرے۔ چنانچہ اس نے حکم دیا کہ جھانسی کی رانی کو ریاست سے بے دخل کرکے گزر بسر کے لیے پانچ ہزار وظیفہ دیا جائے اور ریاستِ جھانسی کے کاروبار انگریز چلائیں۔ ساتھ ہی اس نے یہ بھی حکم دیا کہ مہارانی جھانسی اپنے شوہر کے چھوڑے ہوئے قرضے بھی اپنے پانچ ہزار کے وظیفے سے ادا کردے۔ ڈلہوزی کے حکم دینے کی دیر تھی کہ انگریز سپاہی جھانسی کی رانی کو شاہی قلعہ سے باہر نکال کر دوسرے محل میں لے گئے اور قیدی کی طرح بند کردیا۔ رانی کو اس طرح بے بس کرنے کے ساتھ ساتھ گورنر جنرل ڈلہوزی نے جھانسی کی فوج سے سارے ہتھیار بھی چھین لیے۔

اپنی نیک دل رانی کے ساتھ انگریزوں کا ایسا ظلم دیکھ کر وفادار رعایا بھلا کس طرح خاموش رہ سکتی تھی۔ ریاست میں ہر طرف انگریزوں کے خلاف نفرت پھیل گئی۔ اور جھانسی کے آس پاس کے علاقوں میں بھی گڑبڑ مچ گئی۔ کئی جگہ انگریز سپاہیوں اور ہندوستانیوں میں جھڑپیں ہوئیں۔ رعایا میں بے چینی پھیلنے لگی تو انگریزوں نے مجبور ہوکر پھر سے جھانسی کی ریاست رانی کے حوالے کردی اور اس طرح وہ پھر سے مہارانی جھانسی بن گئیں۔

ابھی مہارانی جھانسی کو حکومت کرتے ہوئے دس مہینے بھی نہ ہونے پائے تھے کہ انگریز حکومت پھر سے انھیں بے دخل کرنے کی ترکیبیں سوچنے لگی۔ رانی پر یہ الزام لگایا گیا کہ وہ ٹھگوں سے ملی ہوئی ہیں۔ چنانچہ ایک دن گورنر جنرل ڈلہوزی نے رانی کو لکھ بھیجا کہ وہ ان سے ملنا چاہتا ہے۔ اور ساتھ ہی یہ شرط بھی لگائی کہ ملاقات کے وقت اُن دونوں کے سوا کوئی تیسرا شخص نہ ہوگا۔ رانی بھلا ایسی بات کیسے مان سکتی تھیں۔ انھوں نے اس کو اپنی بے عزّتی سمجھ کر ملنے سے صاف انکار کردیا۔

انگریز تو جھانسی کی ریاست پر دانت جمائے بیٹھے تھے۔ جوں ہی ڈلہوزی کو رانی کا جواب ملا۔ اس نے اپنا حکم نہ ماننے کا بہانہ بناکر جھانسی کے قلعہ پر چاروں طرف سے حملہ کردیا۔ مہارانی جھانسی بھی مقابلہ کے لیے تیار ہوگئیں۔ انگریزوں نے کئی دنوں تک جان توڑ کوشش کی۔ لیکن ان کا ایک سپاہی بھی قلعہ کے اندر نہ جاسکا۔ کیوں کہ رانی خود اپنی فوج کے ساتھ دشمنوں کا مقابلہ کررہی تھیں۔ آخر کار انگریزوں نے مجبور ہوکر توپوں سے قلعہ پر حملہ کرنے کی ٹھان لی تو رانی نے قلعہ چھوڑدیا اور پڑوسی ریاستوں سے مدد لے کر پھر انگریزوں کا مقابلہ کرتی رہیں۔ اس دفعہ مہارانی جھانسی کمر سے کٹھار باندھے، ہاتھ میں تلوار لیے، گھوڑے پر سوار فوج کے آگے آگے تھیں۔ انگریزوں کی فوج کے مقابلے میں رانی کی فوج بہت کم تھی۔ اس کے باوجود انھوں نے ہمت نہ ہاری اور برابر دشمن کا مقابلہ کرتی رہیں۔ لڑتے لڑتے جب رانی کی فوج کے بہت سے سپاہی مر گئے تو اکیلی رانی کو انگریز سپاہیوں نے چاروں طرف سے گھیرلیا۔

اور ان پر وار کرنے لگے۔ رانی سامنے کے سپاہی کے حملے کو بچاتیں تو پیچھے سے ان پر وار ہوتا۔ اس طرح وہ بہت دیر تک دشمنوں میں گھری ہوئی اکیلی ہی لڑتی رہیں اور کئی انگریز سپاہیوں کو موت کے گھاٹ اتار دیا۔ وہ اکیلی آخر کب تک مقابلہ کرتیں ؟ لڑتے لڑتے، سامنے کے انگریز سپاہیوں کے وار کو روکنے آگے بڑھتے ہی پیچھے سے ایک سپاہی نے ان کی پیٹھ میں تلوار گھونپ دی۔ اور اس طرح پھول باغ، گوالیار میں میدانِ جنگ میں ہی ماری گئیں۔

مہارانی جھانسی نے آج سے کئی سال پہلے ہندوستان کو انگریزوں کی غلامی سے آزاد کرانے کے لیے جو جنگ شروع کی تھی اور جس کے لیے انھوں نے اپنی جان تک دے دی۔ وہ جنگ ان کے مرنے کے بعد بھی جاری رہی اور آخر کار ۱۹۴۷ء میں ہمارا دیس آزاد ہوگیا۔ دیس کو آزاد کراتے کے لیے جن لوگوں نے اپنی جانیں قربان کردیں ان میں مہارانی جھانسی کا نام سب سے اونچا ہے۔

وہ تو مرگیئں لیکن اپنے پیچھے بہادری کا ایک ایسا کارنامہ چھوڑ گیئں جسے ہم ہندوستانی کبھی نہیں بھلا سکتے۔

اینی بیسنٹ

ہمارے دیس میں ہندوستان کو انگریزوں کی غلامی سے آزاد کرانے اور اس کو ترقی دینے میں مردوں کے ساتھ ساتھ عورتوں نے بھی بڑا حصّہ لیا ہے۔ ان عورتوں میں بعض ایسی ہیں جن کا وطن ہندوستان نہ تھا۔ چنانچہ مسز اینی بیسنٹ نے بھی جو آئرلینڈ کی رہنے والی تھیں اپنی ساری زندگی ہندوستان کی سیوا میں گزار دی۔

مسز اینی بیسنٹ یکم اکتوبر ۱۸۴۷ء کو آئرلینڈ میں پیدا ہوئیں۔ ان کے والد ڈبلیو' ٹی' پی وُڈ نے گو ڈاکٹری کی تعلیم پائی تھی لیکن اس پیشے سے انھیں کوئی دلچسپی نہ تھی۔ اس لیے وہ تجارت کرنے لگے اور ہنسی خوشی زندگی کے دِن گزارنے لگے۔ ابھی اینی بیسنٹ چھوٹی ہی تھیں کہ ان کے

برے دِن آگئے اور اچانک ان کے والد کا انتقال ہوگیا۔ گھر کا خرچ چلانے کا اور کوئی ذریعہ نہ تھا۔ ان کی ماں مسز ایملی فورس نے بڑی مصیبت سے اپنے بچّوں کی پرورش کی۔ وہ بورڈنگ کے بچّوں کے لیے کھانا پکانے کا کام کرکے اپنے بچّوں کو تعلیم دلواتی رہیں۔ اینی کو بھی بچپن ہی سے پڑھنے کا بڑا شوق تھا۔ وہ زیادہ وقت پڑھائی میں گزارتیں۔

ایک دن اینی اپنے پڑوسی کے گھر گیئں تو وہاں انھوں نے ایک لنگڑی عورت مسز ماریٹ کو دیکھا جو ان کی ماں کی سہیلی تھیں۔ مسز ماریٹ نے بڑے پیار سے اینی کو اپنے پاس بلایا اور گود میں بٹھالیا اور کچھ دیر تک باتیں کرتی رہیں۔ مسز ماریٹ نے اینی کی ہوشیاری کو دیکھ کر اپنے دل میں سوچا کہ کیوں نہ اینی کو اپنے ساتھ لے جاکر اپنی بھتیجی کے ساتھ تعلیم دلائے۔ چنانچہ انھوں نے اینی کی ماں سے اس بارے میں پوچھا تو وہ فوراً راضی ہوگیئں۔ کیوں کہ وہ جانتی تھیں اس طرح مسز ماریٹ کے گھر اینی اچھی تعلیم حاصل کرلے گی۔

اب اینی، مسز ماریٹ کے گھر رہ کر تعلیم حاصل کرنے لگیں۔

اسکول کے علاوہ مسز ماریٹ اینی کو گھر پر بھی پڑھایا کرتی تھیں۔ اس طرح اینی نے بہت جلد جرمن اور لاطینی زبان سیکھ لی اور تھوڑا سا جغرافیہ بھی پڑھا۔ سات سال تک مسز ماریٹ کے ساتھ رہ کر اینی اپنی ماں کے گھر واپس آگئیں۔ تعلیم کے زمانہ میں اینی نے یورپ کے کئی شہر بھی دیکھے، جس کی وجہ سے انھیں تعلیم کے ساتھ ساتھ دوسرے مقامات کے لوگوں سے مل کر وہاں کے حالات معلوم کرنے کا بھی موقع ملا۔

اینی بچپن ہی سے بہت نیک اور غریبوں کی ہمدرد تھیں اور دیہاتیوں سے انھیں خاص محبت تھی۔ وہ اکثر دیہاتوں میں جاکر وہاں غریبوں کی مدد کرتی تھیں ان کی ایک خالہ جو قریب کے ایک گاؤں میں رہا کرتی تھیں اپنے مذہب کی بہت پابند اور نیک عورت تھیں۔ وہ اپنا اکثر وقت عبادت میں گزارتیں۔ خالہ کے ساتھ رہنے کی وجہ سے کچھ ہی دن میں اینی کو اپنے مذہب سے پہلے سے زیادہ لگاؤ ہوگیا۔ اور اس کے بعد سے تو وہ روزانہ عبادت کے لیے گرجا جانے لگیں۔ اسی گاؤں میں ایک پادری مسٹر فرانک بیسنٹ بھی رہا کرتے تھے جو اس گرجا کے پادری تھے جہاں اینی

ہر روز جایا کرتی تھیں۔ وہ گرجا کے کام کے ساتھ ساتھ اسکول میں پڑھایا کرتے تھے۔ جب کبھی اینی گرجا جاتیں تو وہ فرانک سے بھی ملتی تھیں اور دونوں گرجا میں زیادہ وقت مذہب کے بارے میں باتیں کرنے میں گزارتے تھے۔ اینی کی سمجھداری اور اپنے مذہب سے زیادہ لگاؤ دیکھ کر فرانک بیسنٹ نے ان سے شادی کرنے کی خواہش کی۔ چنانچہ ۱۸۶۷ء میں بیس سال کی عمر میں اینی نے فرانک بیسنٹ سے شادی کرلی۔ اور اس کے بعد سے وہ مس اینی وڈ کی بجائے "مسز اینی بیسنٹ" کہلانے لگیں۔

شادی کے کچھ ہی دنوں بعد فرانک بیسنٹ کو ایک دوسرے گاؤں کے گرجا گھر کا پادری بنا کر بھیجا گیا تو اینی بیسنٹ کو بھی ان کے ساتھ جانا پڑا۔ اس نئے گاؤں میں ان کا جی بالکل نہ لگا۔ اس لیے انھوں نے وقت گزارنے کے لیے کتابیں لکھنا شروع کیا۔ شادی کے بعد بھی مسٹر فرانک اور اینی بیسنٹ میں مذہب کے بارے میں بحث ہوا کرتی تھی۔ اینی بیسنٹ سچائی کے مقابلے میں کسی کی پروا نہ کرتی تھیں۔ اور ان کے شوہر ہمیشہ اپنی ہی بات منوانا چاہتے تھے۔

ایک دن جب بات بہت بڑھ گئی تو اینی بیسنٹ ہمیشہ کے لیے اپنے شوہر سے الگ ہوگئیں۔ شوہر سے علیٰحدہ ہونے کے بعد وہ اپنی ماں کے گھر واپس آگئیں۔ لیکن انھوں نے جب دیکھا کہ ان کی ماں کا گزارہ ہی مشکل سے ہورہا ہے تو وہ وہاں سے چلی گئیں۔ اور اونی کپڑے بُن کر اپنا پیٹ بھرنے لگیں۔ تھوڑے ہی دنوں میں ان کی ماں کا انتقال ہوگیا۔ جس کا انھیں اتنا دکھ ہوا کہ اپنے مذہب کے بارے میں ان کے خیالات بالکل بدل گئے۔ یہاں تک کہ انھیں خدا پر بھی بھروسہ نہیں رہا۔

اینی بیسنٹ کو بچپن ہی سے لکھنے پڑھنے کا بے حد شوق تھا۔ اور اسی شوق کی وجہ سے انھوں نے ۳۲ سال کی عمر ہونے کے باوجود میٹرک کا امتحان پاس کرلیا۔ اور پھر لندن یونیورسٹی سے بی۔ ایس۔سی کی ڈگری حاصل کرکے اسکول میں پڑھانے لگیں۔

۱۸۹۱ء میں اینی بیسنٹ امریکہ کے شہر نیویارک گئیں اور وہاں اپنی تقریروں سے لوگوں کو حیران کردیا۔ اُن

کی قابلیت کو دیکھ کر انھیں تھیاسوفیکل سوسائٹی کا صدر بنایا گیا اس سے پہلے یہ عزت کسی عورت کو نہیں دی گئی تھی۔

وہ جب پہلی مرتبہ ۱۸۹۳ء میں ہندوستان آئیں تو ان کا بہت شاندار سواگت کیا گیا۔ وہ ہمیشہ ہندوستانی عورتوں کا لباس پہنے رہتیں۔ انھوں نے ہندو مذہب کے بارے میں بہت سی باتیں معلوم کیں اور انھیں یہ مذہب اتنا پسند آیا کہ وہ ہندو بن گئیں اور بنارس میں رہنے لگیں۔

ہندوستان آنے کے پانچ سال بعد اینی بیسنٹ نے بنارس میں ایک ہندو کالج قائم کیا جو بعد میں بنارس یونیورسٹی بن گیا۔ انھوں نے ہندوستانی عورتوں کی تعلیم کے لیے بھی بہت کوشش کی اور ۱۹۰۴ء میں بنارس ہی میں لڑکیوں کا ایک اسکول "سنٹرل ہندو گرلز" کے نام سے کھولا۔ اس کے ساتھ ساتھ انھوں نے ہندوستان کی بہت سی پرانی رسموں کو ختم کرنے کی کوشش کی۔ چنانچہ انھوں نے بیوہ عورتوں کی پھر سے شادی کے لیے بھی آواز اٹھائی۔ وہ نہ صرف ہندوستان کی ایک سچی ہمدرد تھیں بلکہ تقریر کرنے اور کتابیں لکھنے میں ان کا بڑا اونچا مقام تھا۔

جب ۱۹۲۴ء میں کچھ دنوں کے لیے دوبارہ انگلستان اور امریکہ گئیں تو وہاں ان کی تقریروں کو سن کر لوگ دنگ رہ گئے۔

انگلستان اور امریکہ سے واپس آنے کے بعد انھوں نے ہندوستان کی آزادی کے لیے دوسرے ہندوستانیوں کے ساتھ ساتھ کام کرنا شروع کر دیا۔

ہندوستانی عورتوں نے جب دیکھا کہ آزادی کے لیے ایک ایسی عورت جس کا وطن ہندوستان نہیں ہے، بڑھ چڑھ کر حصّہ لے رہی ہے تو ان عورتوں میں بھی آزادی کا جوش اور بڑھ گیا۔ آزادی کے کام کو آگے بڑھانے کے لیے اینی بیسنٹ نے "نیو انڈیا" نام کا ایک اخبار بھی نکالا۔ اس کے علاوہ وہ اپنی تقریروں اور اپنے مضامین کے ذریعہ دیس کو آزاد کرانے کے لیے ہندوستانیوں کو ابھارتی رہیں۔ اینی بیسنٹ انڈین نیشنل کانگریس کو قائم کرنے والوں میں سے ایک تھیں اور ان کی ہندوستان سے بے حد محبّت ہی کی وجہ سے ۱۹۱۷ء میں انھیں کانگریس کا صدر بھی بنایا گیا اور یہ پہلی عورت تھیں جنھیں اتنی بڑی عزت ملی۔

اینی بیسنٹ نے چالیس سال تک لگاتار ہمارے دیس کی سیوا کی اور ۱۹۳۲ء میں ۸۵ سال کی عمر میں انتقال کر گئیں۔ اینی بیسنٹ کی زندگی ہر ہندوستانی کے لیے ایک نمونہ ہے۔ ہندوستان کی آزادی کی تاریخ ادھوری ہی رہے گی اگر اس میں اینی بیسنٹ جیسی سچّی دیش بھگت کا نام شریک نہ ہو۔

کستوربا گاندھی

ہمارے باپو گاندھی جی کی طرح ان کی بیوی کستوربا گاندھی کو ہندوستان سے کچھ کم پیار نہ تھا۔ دیس کو آزاد کرانے میں ان کا بھی بہت بڑا حصّہ ہے۔

کستوربا کا جنم اپریل ۱۸۶۹ء میں ریاست راج کوٹ کی راجدھانی پوربندر میں ہوا۔ گاندھی جی بھی اُسی سال اکتوبر کے مہینے میں پیدا ہوئے تھے۔ یہ ایک عجیب اتفاق ہے کہ دونوں کا جنم ایک ہی سال اور وہ بھی ایک ہی جگہ پوربندر میں ہوا۔

کستوربا کے والد شری پت گوکل داس ماکن جی سوداگر تھے۔ ان کی گیہوں، روئی اور کپڑے کی بہت بڑی دکان تھی۔ کستوربا ان کی سب سے بڑی لڑکی تھیں، اس لیے سارا

خاندان ان سے پیار کرتا تھا۔ اس زمانے میں لڑکیوں کو زیادہ پڑھانا لکھانا اچھا نہ سمجھا جاتا تھا۔ اس لیے کستوربا صرف معمولی گجراتی جانتی تھیں۔ وہ ابھی سات سال ہی کی تھیں کہ اُن کی منگنی گاندھی جی سے ہوگئی ا اور جب وہ تیرہ برس کی ہوگئیں تو ۱۸۸۲ء میں پوربندر میں ان کی شادی کردی گئی۔ شادی کے تھوڑے دنوں بعد ہی گاندھی جی پڑھنے کے لیے اپنے والد کے پاس راج کوٹ چلے گئے تو کستوربا اپنے سسرال میں رہنے لگیں۔ شادی کے بعد گاندھی جی نے کستوربا کو پڑھانے لکھانے کی بہت کوشش کی۔ ان دنوں وہ خود تعلیم پا رہے تھے انھیں اتنا وقت نہ ملتا تھا کہ وہ بیوی کو پڑھا سکیں۔ اس لیے کستوربا کو پڑھانے کے لیے استاد رکھا گیا تھا۔

شادی کے دو سال بعد کستوربا گاندھی کو ایک لڑکا پیدا ہوا جو صرف چار دن بعد ہی مرگیا اور اسی سال گاندھی جی کے والد کا بھی انتقال ہوگیا۔ دو سال بعد کستوربا کو دوسرا لڑکا پیدا ہوا جس کا نام مُنی لال رکھا گیا۔ اس لڑکے کی عمر مشکل سے دو سال بھی نہ ہونے پائی تھی کہ گاندھی جی

بیرسٹری کی تعلیم پانے کے لیے انگلستان چلے گئے۔ گاندھی جی ابھی انگلستان ہی میں تھے کہ ان کی والدہ کا بھی انتقال ہوگیا۔

تین سال تک انگلستان میں تعلیم حاصل کرنے کے بعد گاندھی جی واپس ہندوستان آکر راج کوٹ میں وکالت کرنے لگے۔ کچھ دنوں بعد انھیں ایک مقدمے کے سلسلہ میں جنوبی افریقہ جانا پڑا۔ ان کے جانے کے بعد کستوربا کو ایک اور لڑکا پیدا ہوا جس کا نام ہیرالال رکھا گیا۔ جب گاندھی جی کو جنوبی افریقہ میں رہتے ہوئے بہت دن ہوگئے تو انھوں نے کستوربا کو وہیں بلوالیا۔

چار سال تک افریقہ میں رہنے کے بعد ۱۹۰۱ء میں کستوربا' گاندھی جی کے ساتھ ہندوستان واپس آگئیں۔ اور ہندوستان میں تین سال گزارنے کے بعد پھر گاندھی جی کے ساتھ افریقہ چلی گئیں۔ جب گاندھی جی نے افریقہ میں ہندوستانیوں کی ایک بستی قایم کی اور ایک آشرم بھی کھولا تو کستوربا نے گاندھی جی کے اس کام میں ان کا بہت ہاتھ بٹایا۔ وہ آشرم کے اسکول کے بچوں کے لیے

خود کھانا پکاتی تھیں۔ جب گاندھی جی کو افریقہ میں ستیہ گرہ کرنے پر جیل بھیج دیا گیا تو کستوربا نے ستیہ گرہ شروع کی۔ جس پر انھیں بھی تین مہینے کے لیے جیل میں بند کر دیا گیا۔

افریقہ سے ہندوستان واپس آنے کے بعد جب مئی ۱۹۱۵ء میں گاندھی جی نے احمد آباد میں ایک آشرم کھولا تو کستوربا بھی اسی آشرم میں رہنے لگیں۔

۱۹۲۴ء میں گاندھی جی کو چھ سال کی سزا ہوئی تو کستوربا ذرا نہ گھبرائیں بلکہ ہندوستانیوں کی ہمت بڑھاتی رہیں اور جب تک گاندھی جی جیل میں رہے آشرم کا سب کام کستوربا کرتی رہیں۔ وہ خود آشرم والوں کے لیے کھانا پکاتی تھیں۔

۱۹۳۲ء میں جب گاندھی جی لندن کی گول میز کانفرنس سے ہندوستان واپس آئے تو انگریز حکومت نے پھر انھیں گرفتار کر لیا۔ اس دفعہ کستوربا آشرم میں بیٹھی نہ رہیں بلکہ سارے ملک میں گھوم کر جگہ جگہ تقریریں کیں اور انگریزوں کی غلامی سے چھٹکارا پانے کے لیے ہندوستانیوں میں

جوش بڑھایا۔ انگریزی حکومت نے یہ دیکھ کر کہ کستوربا کی تقریروں سے اور گڑبڑ بڑھ رہی ہے، ہردولی کے نزدیک ایک گاؤں میں انھیں بھی گرفتار کرلیا اور ڈیڑھ مہینے کے لیے سابرمتی جیل میں بند کردیا۔ کستوربا نے جیل میں ہنسی خوشی سے دن گزارے۔ کیوں کہ وہ جانتی تھیں کہ یہ ساری مصیبت دیس کی آزادی کے لیے ہے۔ سزا کے دن پورے کرنے کے بعد جب وہ جیل سے نکلیں تو سیدھے احمد آباد پہنچیں۔ وہاں سے کچھ عورتوں کو ساتھ لے کر ہردولی گئیں اور وہاں ایک جلوس نکالا۔ پولیس نے راستہ ہی میں جلوس کو روک دیا اور کستوربا کو گرفتار کرکے پھر چھ مہینے کے لیے سابرمتی جیل میں قید کردیا۔

۱۹۳۲ء میں کستوربا کو پھر ایک جلوس نکالنے کے سلسلے میں چھ مہینے کی سزا ہوئی اور انھیں سابرمتی جیل بھیج دیا گیا لیکن پانچ دن بعد ہی ان کو چھوڑ دیا گیا۔

انگریز حکومت نے ۱۹۳۴ء میں ہندوستان کو دو حصّوں میں بانٹنے کا اعلان کیا تو گاندھی جی نے یروداجیل میں بھوک ہڑتال شروع کردی تو کستوربا کو بھی سابرمتی

سے یرودا جیل میں لایا گیا۔

کستوربا کو کئی مرتبہ جیل بھیجا گیا۔ لیکن اس کے باوجود ان میں آزادی کا جوش کم نہ ہوا۔ وہ جیل میں ہوں یا جیل سے باہر کبھی خاموش نہ رہ سکیں اور آزادی کے کام کو جاری رکھا۔ جس کی وجہ سے ان کی صحت بگڑنے لگی۔ چنانچہ ۱۹۳۹ء کے بعد شروع میں کستوربا نے صحت خراب ہونے کے باوجود راج کوٹ کی ستیہ گرہ میں بڑھ چڑھ کر حصّہ لیا اور پھر گرفتار کرلی گئیں۔ لیکن تھوڑے ہی دنوں بعد انھیں چھوڑ دیا گیا۔

۱۹۴۲ء میں بمبئی میں کانگریس کا جلسہ ہوا تو گاندھی جی کو تقریر کرنے سے پہلے ہی گرفتار کرلیا گیا۔ یہ دیکھ کر کستوربا کھڑی ہوگئیں اور تقریر کرنا چاہتی تھیں کہ پولیس نے انھیں بھی گرفتار کرلیا۔ دونوں کو آغا خاں کے محل میں قید کردیا گیا۔ جہاں کستوربا کی صحت دن بدن بگڑنے لگی۔ گاندھی جی اور ان کے دوستوں نے بڑے بڑے ڈاکٹروں کو بلوایا۔ لیکن کوئی فائدہ نہ ہوا۔ کیوں کہ کستوربا نے کھانا پینا

بالکل چھوڑ دیا تھا۔ یہاں تک کہ وہ دوا اور پانی بھی نہیں پیتی تھیں۔

۲۲ر فروری ۱۹۴۴ء کو دوپہر کے وقت تھوڑا سا گنگا جل ان کے منہ میں ڈالا گیا تو کچھ آرام ہوا۔ گاندھی جی نے انھیں کندھے سے لگایا اور تسلّی دی تو کستوربا نے انھیں نمسکار کیا اور شیوراتری کی شام سات بجے ان کا انتقال ہو گیا۔ جب لاش کو چتا پر رکھا گیا تو گاندھی جی کی آنکھوں سے آنسو جاری ہو گئے۔ جب سب تیاریاں ہو چکیں تو گاندھی جی نے تھوڑا سا قرآن، انجیل، بھگوت گیتا پڑھا۔ اور لوگ بھجن گانے لگے۔ ان کی لاش آغا خاں کے محل میں ہی جلائی گئی۔

ہماری راشٹر ماتا، کستوربا گاندھی کے سچّے دیش بھگت ہونے کا اس سے بڑا ثبوت اور کیا ہو سکتا ہے کہ ان کی موت جیل میں ہوئی۔ آج وہ زندہ ہوتیں تو اپنی قربانیوں کا پھل اپنی آنکھوں سے دیکھتیں کہ وہ دیس جس کے لیے انھوں نے

زندگی بھر مصیبتیں اٹھائیں اور آخرکار اپنی جان تک دے دی ایک آزاد دیس بن گیا ہے۔

سروجنی نائیڈو

ہمارے دیش ہندوستان میں یوں تو کئی مشہور عورتیں گزری ہیں جنھوں نے دیش کی سیوا میں اپنی زندگیاں گزار دیں ۔ لیکن سروجنی نائیڈو دیش کی سیوا کے ساتھ ساتھ اپنی شاعری کی وجہ سے بھی بہت مشہور ہیں۔

سروجنی دیوی ۱۳ر فروری ۱۸۷۹ء کو حیدرآباد دکن میں ڈاکٹر اگھوری ناتھ چٹو پادھیائے کے گھر پیدا ہوئیں جو بنگال کے رہنے والے تھے لیکن ملازمت کے سلسلہ میں حیدرآباد آکر بس گئے تھے۔

سروجنی دیوی کی والدہ واردھا سندری دیوی بھی اپنے شوہر کی طرح کافی پڑھی لکھی اور بہت نیک عورت تھیں ڈاکٹر اگھوری ناتھ جب انگلستان سے تعلیم پاکر ہندوستان لوٹے تو حیدرآباد دکن میں نظام کالج کے پہلے ہندوستانی پرنسپل بنائے گئے ۔

اس سے پہلے اس کالج کے پرنسپل ہمیشہ انگریز ہی ہوا کرتے تھے۔

ابھی سروجنی دیوی چھوٹی ہی تھیں کہ انھیں ایک انگریزی اسکول میں پڑھنے کے لیے بھیج دیا گیا۔ کیوں کہ ان کے ماں باپ جو خود پڑھے لکھے تھے یہ چاہتے تھے کہ ان کی لڑکی بھی انگریزی لکھنا پڑھنا جلد ہی سیکھ لے۔ سروجنی دیوی کو بچپن میں انگریزی زبان سے بالکل دلچسپی نہ تھی۔ پھر بھی وہ ماں باپ کے ڈر سے اسکول برابر جایا کرتی تھیں۔

ایک دفعہ جب کہ سروجنی دیوی کی عمر نو سال کی تھی، ان کے والد نے سبق یاد نہ کرنے پر انھیں ایک کمرے میں بند کر دیا۔ اس سزا کے بعد سے انھوں نے پھر کبھی اپنے والد کو ایسا موقع نہ دیا اور بڑی محنت اور شوق سے انگریزی سیکھنے لگیں۔ ان کے والد چاہتے تھے کہ سروجنی دیوی سائنس اور ریاضی دوسرے مضامین کے مقابلے میں بہت زیادہ دلچسپی لے کر پڑھیں لیکن سروجنی دیوی کو ان مضامین سے کوئی دلچسپی نہ تھی۔ انھیں بچپن ہی سے شعر لکھنے کا شوق تھا ایک دن وہ حساب کا ایک سوال حل کرنے کی

کوشش کر رہی تھیں لیکن ان کا سارا خیال شاعری کی طرف تھا اور اس کا نتیجہ یہ نکلا کہ انھوں نے سوال حل کرنے کی بجائے ایک نظم لکھ دی ۔ اس وقت ان کی عمر صرف گیارہ سال تھی ۔

سروجنی دیوی کو شروع میں تو پڑھائی سے کوئی دلچسپی نہ تھی لیکن کچھ ہی دنوں بعد لکھنے پڑھنے کا شوق اتنا بڑھا کہ راتوں میں جاگ کر لکھتے پڑھنے سے ان کی صحت خراب ہوگئی اور بیمار ہونے کے سبب ان کا مدرسہ جانا چھوٹ گیا۔ بیماری کے زمانے میں ڈاکٹروں نے انھیں لکھنے پڑھنے سے بالکل روک دیا۔ لیکن اس کے باوجود سروجنی دیوی نے ایک لمبی نظم اور ایک ڈرامہ لکھا جس کا نتیجہ یہ ہوا کہ ان کی صحت پہلے سے بھی زیادہ خراب ہوگئی ۔ پھر بھی ان کے پڑھنے لکھنے کا شوق کم نہ ہوا اور انھوں نے اسی بیماری کی حالت میں نہ صرف ایک ناول لکھا بلکہ صرف بارہ سال کی عمر میں میٹرک کا امتحان بھی پاس کرلیا۔ جب ریاست حیدرآباد کی حکومت نے یہ دیکھا کہ سروجنی دیوی نے اتنی چھوٹی سی عمر میں میٹرک کا امتحان پاس کرلیا تو اُنھیں

آگے تعلیم حاصل کرنے کے لیے سرکاری خرچ سے انگلستان بھیج دیا۔

انگلستان پہنچ کر وہ کچھ دن تک تو لندن کے کنگس کالج میں پڑھتی رہیں اور پھر اس کے بعد کیمبرج کے عورتوں کے مشہور کالج "گرٹن" میں شریک ہوگئیں۔ انگلستان کی آب و ہوا انھیں راس نہ آئی اور وہ بیمار رہنے لگیں۔ پھر بھی وہ برابر تعلیم حاصل کرتی رہیں۔ انگلستان میں تعلیم پانے کے ساتھ ساتھ سروجنی دیوی وہاں کے پڑھے لکھے لوگوں سے بھی ملتی رہیں۔ ان کی انگریزی زبان میں قابلیت کو دیکھ کر وہاں کے دو مشہور شاعروں نے انھیں ہندوستان کے بارے میں نظمیں لکھنے کا مشورہ دیا۔ چنانچہ اس کے بعد ہی سے سروجنی دیوی نے ہندوستان کے بارے میں بہت سی نظمیں لکھیں جن میں "سنہری چوکھٹ" "وقت کی آواز" اور "ٹوٹا ہوا پر" زیادہ مشہور ہیں۔

انگلستان سے حیدر آباد واپس آکر ۲۱ سال کی عمر میں انھوں نے ڈاکٹر نائیڈو سے شادی کرلی اور اس کے بعد سے وہ سروجنی دیوی کے بجائے "سروجنی نائیڈو" کہلانے لگیں۔

گو سروجنی دیوی برہمن خاندان سے تھیں لیکن ذات پات کے جھگڑوں کو ختم کرنے کے لیے انھوں نے کسی کی پروا نہ کی اور مسٹر نائیڈو سے شادی کرلی جو برہمن نہیں تھے۔ سروجنی نائیڈو کی شادی واقعی ایک بہادری کا کام تھا۔ کیوں کہ اس زمانے میں برہمن عورت صرف برہمن مرد ہی سے شادی کرسکتی تھی۔ لیکن سروجنی نائیڈو نے اس پرانی رسم کو توڑا کیوں کہ ان کی نظر میں سب انسان برابر تھے۔

سروجنی نائیڈو کے دو لڑکے اور تین لڑکیاں ہوئیں۔ انھیں اپنے شوہر اور بچوں سے بڑا پیار تھا۔ وہ بچوں کی دیکھ بھال اور پرورش کا بہت خیال رکھتی تھیں۔

وہ جب تک حیدرآباد میں رہیں وہاں غریبوں کی بھلائی کے بہت سے کام کرتی رہیں اور خاص طور پر عورتوں کی ترقی کے لیے رات دن کام میں لگی رہتی تھیں۔ گو ان کی زندگی امیروں جیسی تھی لیکن انھیں غریبوں سے بھی بہت ہمدردی تھی۔

ان کے گھر پر چھوٹے بڑے، امیر غریب، پڑھے لکھے سب ہی طرح کے لوگ جمع ہوتے تھے اور ہمیشہ ملک کی

ترقی اور آزادی کے بارے میں باتیں ہوا کرتی تھیں۔ سروجنی دیوی کو ان ہی اچھی باتوں کی وجہ سے حیدرآباد کا بچّہ بچّہ جانتا ہے اور آج بھی سب لوگ ان کا نام عزّت سے لیتے ہیں۔

کچھ سال کے بعد سروجنی نائیڈو اپنے وطن حیدرآباد کو چھوڑ کر باہر نکلیں اور ہندوستان کو انگریزوں کی غلامی سے آزادی دلانے کے لیے گھر کا سُکھ چین اور آرام چھوڑ دیا۔ اور دیس میں گھوم پھر کر لوگوں میں آزادی کا جوش بڑھایا اور اس وجہ سے انھیں کئی بار جیل جانا پڑا۔

سروجنی دیوی نے گاندھی جی، جواہرلال نہرو، اور مولانا ابوالکلام آزاد جیسے مشہور لیڈروں کے ساتھ دیش کو آزاد کرانے کے کام میں برابر کا حصّہ لیا۔ چنانچہ اپنے دیش کی دل و جان سے سیوا کی جس کی وجہ سے ۱۹۲۵ء میں کانگریس کا صدر بنایا گیا۔ یہ وہ پہلی ہندوستانی عورت تھیں جنھیں اس پارٹی کا صدر بنایا گیا تھا اور اس سے پہلے کسی ہندوستانی عورت کو اتنی بڑی عزت نہیں ملی اس طرح انھیں بعد میں ہندوستانی عورتوں کی کانفرنس کا صدر بھی بنایا گیا۔ سروجنی نائیڈو

کو اتنے بڑے مقام اور اتنی بڑی عزت آسانی سے نہیں ملی بلکہ اس کے لیے انھیں بہت سی مصیبتیں اٹھانی پڑیں۔ چنانچہ ۱۹۳۱ء میں ستیہ گرہ کے سلسلہ میں انھیں جیل جانا پڑا اور ۱۹۳۲ء میں وہ پھر دوسری بار جیل گئیں۔

جب سروجنی نائیڈو ۱۹۳۱ء میں مہاتما گاندھی جی کے ساتھ گول میز کانفرنس میں شریک ہونے کے لیے انگلستان گئیں تو واپسی میں براعظم یورپ، امریکہ، افریقہ اور ایشیا کے بہت سے ملکوں کا سفر کرکے لوگوں کو اپنے دیش ہندوستان سے واقف کرایا۔

سروجنی نائیڈو میں جہاں اور بہت سی اچھی باتیں تھیں، ایک خاص بات یہ تھی کہ جب وہ کسی کام کے کرنے کا ارادہ کرلیتیں تو پھر اسے پورا کرکے ہی رہتیں چاہے اس کام کے کرنے میں کتنی ہی مصیبتیں اور رکاوٹیں کیوں نہ آئیں۔

ان کی بات چیت اتنی دلچسپ ہوتی تھی کہ سننے والا اُن کا گرویدہ ہوجاتا تھا۔ جب کبھی وہ تقریر کرتیں تو سننے والے اس میں کھوجاتے تھے اور اسی لیے انھیں "بلبلِ ہند" کے نام سے پکارا جاتا ہے۔

وہ اتنی قابل اور سمجھ دار تھیں کہ اکثر دفعہ گاندھی جی اور گوکھلے جیسے مشہور لیڈر ان سے مشورہ کرتے تھے۔ سروجنی نائیڈو جانتی تھیں کہ ہندوستان میں ہندو اور مسلمان بھائی۔بھائی کی طرح ہیں۔ کیوں کہ ان کی نظر میں ہر انسان برابر تھا چاہے وہ ہندو ہو کہ مسلمان۔

سروجنی نائیڈو نے زندگی بھر دیش کی سیوا کی اوراس کے ساتھ ساتھ ہندوستانی عورتوں کی ترقی کے بہت سے کام کیے۔ انھوں نے ہمیشہ ہندوستانی عورتوں کو تعلیم پانے کے ساتھ ساتھ کوئی نہ کوئی ہنر سیکھنے کی تاکید کی' کیوں کہ وہ جانتی تھیں کہ ہندوستان کی عورتوں کی ترقی سارے دیس کی ترقی ہے۔

وہ بہت نیک اور خوش مزاج تھیں۔ وہ خود کہا کرتی تھیں: " جب کبھی موقع ملتاہے تو دل کھول کر ہنستی ہوں۔ لیکن ساتھ ہی دوسروں کے دکھ درد کا خیال کرتی ہوں۔

۱۵ر اگست ۱۹۴۷ء کو جب ہمارا دیش آزاد ہوا تو سروجنی نائیڈو کو اتر پردیش کا گورنر بنایا گیا۔ جو ان کی قابلیت اور دیش سیوا کا کھلا ثبوت ہے۔ گورنر بننے کے بعد سروجنی نائیڈو دن رات دیش کی ترقی کے لیے کام کرتی رہیں جس کی وجہ سے

ان کی صحت گرنے لگی اور کچھ ہی دنوں میں وہ سخت بیمار ہوگئیں۔ بیماری کی حالت میں بھی انھوں نے اپنے کام کو جاری رکھا اور پہلی مارچ ۱۹۴۸ء کو ان کا انتقال ہوگیا۔

دنیا میں ایسی عورتیں بہت کم گزری ہوں گی جنھوں نے اپنے دیش کے لیے سروجنی نائیڈو جیسی قربانیاں دی ہوں۔ سب سے بڑی بات تو یہ ہے کہ سروجنی نائیڈو نے عورت ہونے کے باوجود ہندوستان میں اتنا بڑا مقام حاصل کیا جس کی مثال مشکل سے ملے گی۔

انھوں نے اپنی آخری سانس تک ملک کی سیوا کی ہے۔ جس پر ہمارا سر فخر سے اونچا ہو جاتا ہے۔

کملا نہرو

جے پور میں جے کشن نامی ایک کشمیری برہمن رہا کرتے تھے۔ اُن کے کوئی اولاد نہ تھی۔ اس لیے انھوں نے اپنے رشتہ دار کے ایک لڑکے کو گود لے لیا تھا جو بڑا نیک اور ایماندار تھا۔ یہی لڑکا آگے چل کر دہلی کے ایک مشہور بیوپاری پنڈت جواہرلال کول کے نام سے مشہور ہوا۔

ان ہی پنڈت کے گھر ۱۹۰۰ء میں ایک لڑکی پیدا ہوئی جس کا نام کملا رکھا گیا۔ اور یہی وہ کملا ہے جسے نہ صرف ہندوستان بلکہ ساری دنیا کملا نہرو کے نام سے جانتی ہے۔ کملاجی چونکہ ایک مالدار کی بیٹی تھیں اس لیے ان کا بچپن بڑے لاڈ پیار میں گزرا۔ ان دنوں عورتوں کو اسکول میں تعلیم دلانا اچھا نہ سمجھا جاتا تھا۔ اس لیے کملاجی کی تعلیم بھی گھر پر ہی ہوئی۔

انھیں شروع میں صرف ہندی پڑھائی گئی اور جب وہ سات برس کی ہوگئیں تو اپنے رشتہ دار کے پاس پریاگ چلی گئیں اور گھر پر ہی پڑھتی رہیں۔

کملاجی بچپن ہی سے بہت ذہین تھیں۔ اس لیے انھوں نے تھوڑے ہی دنوں میں ہندی بہت اچھی طرح سیکھ لی۔ البتہ انگریزی کی تعلیم انھیں شادی کے بعد شروع کرائی گئی۔

جواہرلال نہرو کے انگلستان جانے کے پہلے ہی سے کملاجی سے ان کی شادی کی بات چل رہی تھی۔ چنانچہ جب وہ بیرسٹری پاس کرکے ہندوستان واپس آئے تو کملاجی سے ان کی شادی کردی گئی۔ شادی کے بعد کملاجی، پنڈت جواہرلال نہرو کے مکان آنند بھون میں رہنے لگیں۔ اور تھوڑے ہی دنوں میں اپنی نیک طبیعت اور اچھی عادتوں سے سسرال والوں کے دل میں گھر کرلیا اور سب ہی ان کی عزت کرنے لگے۔

کملا نہرو اپنے شوہر کو دیوتا سمجھتی تھیں اور دل و جان سے ان کی خدمت کرتی تھیں۔ پنڈت جواہرلال نہرو بھی

ان کو دل وجان سے زیادہ عزیز رکھتے تھے ۔ کملاجی کو شادی سے پہلے اپنے ماں باپ کے گھر میں ہر طرح کا آرام ملا اور شادی کے بعد بھی کسی بات کی تکلیف نہ تھی ۔ مگر ہمیشہ ان کی صحت خراب رہتی تھی ۔ شادی ہونے کے بعد تو بیماری کا سلسلہ اور بڑھ گیا تھا۔ یہ حالت دیکھ کر خاندان والوں نے پنڈت جواہرلال نہرو کو دوسری شادی کرنے پر مجبور کیا لیکن وہ اس بات کے لیے راضی نہ ہوئے ۔

شادی کے ایک سال بعد ۱۹۱۷ء میں کملا نہرو کو ایک لڑکی پیدا ہوئی جس کا نام اندرا رکھا گیا۔ یہ وہی اندرا ہیں جنھیں آج ساری دنیا اندرا گاندھی کے نام سے جانتی ہے ۔ اندرا گاندھی کے پیدا ہونے کے چھ سال بعد ایک اور لڑکا پیدا ہوا جو تین دن بعد ہی مر گیا اور اس کے بعد انھیں پھر کوئی اولاد نہ ہوئی ۔

ہمارے ہندوستان کو انگریزوں کی غلامی سے آزاد کرانے میں اپنے شوہر کے ساتھ کملا نہرو نے بھی بہت حصّہ لیا ہے ۔ وہ گاؤں گاؤں پھر کر لوگوں کو سودیشی چیزیں استعمال کرنے کے لیے کہتی رہیں ۔ انھوں نے خود اپنی بدیشی

قیمتی ساڑیاں جلادیں اور اپنے دیش کے بُنے ہوئے کپڑے پہننے لگیں۔ جب یہ خبر دیش کی دوسری عورتوں کو ملی تو کتنی ہی عورتوں نے بدیشی کپڑے جلا دئے اور سودیشی کپڑے پہننے لگیں۔

رات دن گھوم پھر کر پرچار کرنے کی وجہ سے وہ سخت بیمار ہوگیئں اس مرتبہ انھیں دق کی بیماری ہو گئی اور پنڈت جواہرلال نہرو کے بار بار گرفتار ہونے کی وجہ سے بھی وہ بہت دُکھی رہتی تھیں۔ جب وہ مسلسل بیمار رہنے لگیں تو پہلے ان کا پریاگ ہی میں علاج کرایا گیا۔ لیکن کوئی فائدہ نہ ہوا تو ڈاکٹروں کے مشورے سے پنڈت جواہرلال نہرو کملاجی کو سوئٹزرلینڈ لے گئے۔ کئی مہینے کے علاج کے بعد ان کی صحت اچھّی ہوگئی۔

جب کملا نہرو یورپ سے واپس آیئں تو ملک میں آزادی کا کام بہت تیز ہوگیا تھا۔ ملک کے کونے کونے میں والنٹیر بھرتی کیے جارہے تھے۔ کملا نہرو نے بھی پریاگ کا کام اپنے ذمہ لیا۔ وہ خود مردانہ لباس پہن کر والنٹیر کا کام کرتی تھیں اور ان ہی کی کوششوں سے شہر کی سب ہی

عورتیں والنٹیر بن گئیں۔ جس میں سے اکثر بڑے گھرانوں کی عورتیں تھیں۔ کملا نہرو والنٹیر بھرتی کرنے کے لیے دور دور تک پیدل ہی جایا کرتی تھیں۔

جب ملک میں نمک پر ٹیکس لگانے کے خلاف ستیہ گرہ ہوئی تو گاندھی جی، موتی لال نہرو اور جواہرلال نہرو سب ہی کو گرفتار کرلیا گیا۔ تو کملا نہرو پہلے سے بھی زیادہ ہمت سے کام کرنے لگیں۔ کملا نہرو بے حد کمزور اور دبلے پتلے جسم کی ہونے کے باوجود دیش کی آزادی کے جوش میں یہ سارے کام کرتے ہوئے کبھی نہ تھکتی تھیں۔ لوگ حیران رہ جاتے تھے کہ ان میں ایسی طاقت کہاں سے آگئی ہے۔ انگریزی حکومت کے ظلم کے خلاف وہ لوگوں کو بدیشی چیزوں کے استعمال سے روکنے کے سلسلے میں ایک ایک دوکان پر جاتیں اور دوکان داروں سے بدیشی کپڑا نہ بیچنے کی درخواست کرتیں۔ ایسے دوکان دار جو اپنے فائدے کے لیے بدیشی کپڑا بیچنے کا کاروبار جاری رکھتے تو کملاجی ان کی دوکانوں کے سامنے سخت گرمی میں بھی بیٹھ جاتیں اور گاہکوں سے خوشامد کرتیں کہ دیش کی بھلائی کے لیے وہ بدیشی کپڑا نہ خریدیں۔

کملا جی کی ان ہی کوششوں سے تھوڑے ہی دنوں میں پریاگ کے بدیشی کپڑے کا بازار بالکل ٹھنڈا پڑگیا۔ اس کام کے ساتھ ساتھ کملا جی گاؤں گاؤں پیدل پھر کر لوگوں میں دیس کی آزادی کے جوش کو بھی بڑھاتی رہتیں۔

۱۹۲۱ء میں آزادی دلانے کے لیے سارے ملک میں ایک گڑبڑ مچی ہوئی تھی۔ ہر شہر میں بڑے بڑے جلوس نکالے جا رہے تھے۔ جلوس نکالنے والوں پر انگریزی حکومت کے سپاہی کہیں لاٹھیاں برسا رہے تھے تو کہیں ہندوستانیوں پر گھوڑے دوڑائے جا رہے تھے اور کہیں گولیاں چلائی جا رہی تھیں۔ ہر روز ہزاروں مردوں کے ساتھ ساتھ عورتوں کو بھی جیل میں بند کر دیا جا رہا تھا۔ اس گڑبڑ کو روکنے کے لیے انگریزی حکومت نے سارے ملک میں جلسے کرنے اور جلوس نکالنے سے بالکل روک دیا تھا۔ لیکن کملا نہرو نے اس حکم کی پروا نہ کرتے ہوئے ایک دن ایک بڑا جلوس نکالا جس کو انگریز سپاہیوں نے راستہ ہی میں روک دیا تو کملا جی آدھی رات تک اس جگہ ڈٹی رہیں۔ آخر پنڈت موتی لال نہرو وہاں جا کر انھیں گھر

لے آئے۔

ایک مرتبہ وہ ایک گاؤں میں تقریر کرنے کے لیے جارہی تھیں تو راستہ ہی میں انھیں گرفتار کرلیا گیا اور حکومت کا حکم نہ ماننے کی وجہ سے ان پر مقدمہ چلا کر لکھنؤ جیل میں بند کردیا گیا۔ اس وقت پنڈت جواہر لال نہرو بھی جیل میں بند تھے۔ کملا نہرو جیل ہی میں تھیں کہ ان کے سسر موتی لال نہرو سخت بیمار ہوگئے۔ جب ان کی حالت بہت خراب ہوگئی تو انگریزی حکومت نے کملا جی کو جیل سے چھوڑ دیا۔ انھوں نے گھر پہنچ کر پنڈت موتی لال نہرو کی دیکھ بھال میں رات دن ایک کردیا۔ لیکن کچھ ہی دنوں بعد اُن کا انتقال ہوگیا۔

کانگریس کے سارے لیڈر ابھی تک جیل میں بند پڑے تھے اور کانگریس کے دفتروں پر پولیس نے پہرہ لگا دیا تھا۔ جس کی وجہ سے لوگ چھُپ چھُپ کر دیش کو آزاد کرانے کا کام کر رہے تھے۔ ایسے وقت میں کملا نہرو نے بڑی بہادری اور ہوشیاری سے اپنا کام جاری رکھا۔ وہ دن بھر گھوم پھر کر کانگریس کے والنٹیروں کو جمع کرتیں اور اُن کو

کھانا پہنچاتی تھیں

جب انگریزوں کے خلاف ستیہ گرہ نے بہت زور پکڑا تو کملا نہرو اس وقت سخت بیمار تھیں۔ کچھ دنوں تک لگاتار علاج کی وجہ سے کملا نہرو کی صحت ذرا اچھی ہوگئی تو پھر آزادی کے کام میں لگ گئیں۔ ان ہی دنوں بہار میں بہت بڑا سیلاب آنے کی وجہ سے کئی گھر بہہ گئے اور لوگ پریشان تھے۔ ایسے وقت کملاجی نے ایک امدادی فنڈ کھولا اور گھر گھر جاکر فنڈ جمع کرنے لگیں۔ لوگوں نے ان کی صحت کے خیال سے کملاجی کو بہت روکا لیکن انھوں نے اس کی پروا نہ کی اور برابر کام کرتی رہیں۔

دن رات تھکا دینے والے کاموں کی وجہ سے وہ پھر بیمار پڑگئیں۔ بہت سے علاج کروانے کے باوجود اُن کی صحت سدھرنے کی بجائے اور خراب ہوتی گئی۔ جب اُن کی حالت بہت نازک ہوگئی تو انگریزی حکومت نے پنڈت جواہرلال نہرو کو صرف ایک ہفتے کے لیے جیل سے گھر جانے کی اجازت دی تاکہ وہ اپنی بیمار بیوی سے مل سکیں۔ پریاگ میں جب کملا نہرو کا علاج

نہ ہوسکا تو انھیں علاج کے لیے اندرا گاندھی کے ساتھ سوئٹزرلینڈ بھیجا گیا۔ وہاں ان کی صحت کچھ دن اچھی نہ رہنے پاتی کہ پھر بگڑ جاتی۔ چنانچہ جب وہ سخت بیمار پڑگئیں اور ان کے بچنے کی کوئی امید نہ رہی تو پھر انگریزی حکومت نے چند روز کے لیے پنڈت جواہرلال نہرو کو جیل سے چھوڑ دیا۔ پنڈت جی اپنی بیوی سے ملنے کے لیے سیدھے سوئٹزرلینڈ پہنچے۔ کملا نہرو پنڈت جی کو وہاں دیکھ کر بہت خوش ہوگئیں۔ لیکن ان کی یہ خوشی اس بیماری کو دور نہ کرسکی جس کی وجہ سے وہ موت سے دن بدن قریب ہوتی جا رہی تھیں۔ پنڈت جی نے اپنی بیوی کی ہر طرح دیکھ بھال کی لیکن کچھ نہ ہوسکا، اور چند روز بعد ہی ۲۸ر فروری ۱۹۳۶ء کو ان کا انتقال ہوگیا اور اس طرح دیش کی ایک سچی بھگت اپنے پیارے وطن ہندوستان زندہ واپس نہ آسکیں۔ سوئٹزرلینڈ کے شہر لوزان میں ہی کملا نہرو کی لاش کو جلایا گیا۔

دیش کی آزادی کے لیے اپنی جان قربان کرنے والی کملا نہرو آج ہم میں نہیں ہیں۔ لیکن

انھوں نے دیش سے محبّت کا جو سبق دیا ہے وہ ہمیشہ اُن کی یاد دلاتا رہے گا۔

وجے لکشمی پنڈت

دیش بدیش میں ہندوستان کا نام روشن کرنے والی وجے لکشمی ۱۸ر اگست ۱۹۰۰ء کو الہ آباد کے آنند بھون میں پیدا ہوئیں۔ ان کے والد موتی لال نہرو ہندوستان کے ایک بڑے لیڈر اور بیرسٹر تھے۔ ان کے گھر میں روپیہ پیسہ کی کمی نہ تھی۔ اس لیے بچپن ہی سے وجے لکشمی کی پرورش امیر لڑکی کی طرح ہوئی۔ ان کی دیکھ بھال اور پڑھائی لکھائی کے لیے ایک انگریز عورت مس ہوپر کو نوکر رکھا گیا تھا۔ وجے لکشمی کو بچپن ہی سے پڑھنے لکھنے کے ساتھ ساتھ کھیل کود اور گھوڑے کی سواری کا بھی بہت شوق تھا۔

وجے لکشمی نے کبھی بھی کسی اسکول میں تعلیم نہیں پائی، لیکن گھر کی تعلیم سے وہ اتنی قابل بن گئیں کہ اسکول اور کالج

کے تعلیم پائے ہوئے لوگ بھی اُن کا مقابلہ نہ کر سکتے تھے۔ وہ جب پانچ سال کی تھیں تو انھیں ماں باپ کے ساتھ انگلستان جانے کا موقع ملا اور اس طرح چھوٹی ہی عمر میں انھوں نے وہاں بہت کچھ سیکھا۔ وجے لکشمی کے خاندان کے سب ہی لوگ پڑھے لکھے اور دیش بھگت تھے۔ جس کی وجہ سے اُن کو بھی بچپن ہی سے اپنے دیش سے بے حد محبّت تھی۔ ابھی وہ پندرہ سال کی تھیں کہ گاندھی جی کے ساتھ دیش کو آزاد کرانے کے لیے کام کرنا شروع کر دیا۔

۱۰ مئی ۱۹۲۱ء کو ۲۱ سال کی عمر میں وجے لکشمی کی شادی رنجیت سیتا رام پنڈت سے ہوئی جو کاٹھیاواڑ کے بہت مشہور بیرسٹر تھے اور ساتھ ساتھ دیش بھگت بھی تھے۔ چنانچہ شادی کے بعد وہ اپنا بیرسٹری کا کام چھوڑ کر رات دن دیش کی سیوا میں لگ گئے۔

وجے لکشمی شادی کے بعد " وجے لکشمی پنڈت" کہلانے لگیں۔ وجے لکشمی کو تین لڑکیاں پیدا ہوئیں۔ چندر لیکھا، ریتا اور نین تارا۔ یہ تینوں لڑکیاں بھی اپنی ماں کی طرح قابل اور پکی دیش بھگت تھیں۔

وجے لکشمی پنڈت کو اپنے خاندان کے سب ہی لوگوں سے بے حد پیار رہے اور اپنے بھائی جواہرلال نہرو کی بیوی کملا نہرو کو تو بہت چاہتی تھیں۔ چنانچہ مارچ ۱۹۲۶ء میں جب وہ سخت بیمار ہوگئیں تو انھیں لے کر اپنے شوہر کے ساتھ یورپ گئیں تاکہ وہاں اچھا علاج ہو سکے۔

آزادی کے کاموں میں ویسے تو وہ شروع ہی سے لگی ہوئی تھیں۔ لیکن شادی کے بعد تو انھوں نے اس کام میں بڑھ چڑھ کر حصّہ لینا شروع کر دیا کیوں کہ ان کے شوہر بھی دیس کو آزاد دیکھنا چاہتے تھے۔

جب ۱۹۳۰ء میں ہندوستان میں ہر طرف انگریزوں کی غلامی سے چھٹکارا پانے کے لیے لوگ اٹھ کھڑے ہوئے تو انگریزی حکومت نے گاندھی جی اور جواہرلال نہرو کو گرفتار کر لیا یہ وہ وقت تھا کہ دیش کے سارے بڑے بڑے لیڈر جیلوں میں بند کر دئے گئے تھے۔ وجے لکشمی بھلا ایسے وقت کب خاموش بیٹھنے والی تھیں۔ انھوں نے اکیلے ہی انگریز حکومت کے خلاف جلوس نکالنے شروع کیے اور جا بجا تقریریں کرنے لگیں۔ حکومت نے انھیں ایک مہینے تک جلوس میں شریک ہونے سے

روک دیا اور تقریر کرنے کی اجازت نہ دی۔ لیکن انھوں نے انگریزوں کی ایک نہ مانی اور برابر تقریریں کرتی رہیں۔ انگریز حکومت نے جب یہ دیکھا کہ ان کی تقریروں کی وجہ سے لوگوں میں آزادی کا جوش بڑھتا ہی جارہا ہے تو آخر ۲۷ جنوری ۱۹۳۲ء کو ان کی بہن کرشنا کے ساتھ انھیں بھی گرفتار کرلیا اور ایک سال قید کی سزا دی گئی۔ وہ اپنے چھوٹے بچّوں کو چھوڑکر لکھنؤ جیل میں بند رہیں۔ ۱۹۳۴ء میں انھیں دوبارہ جیل بھیجا گیا اور اس مرتبہ وجے لکشمی پنڈت نے جیل کی ساری مصیبتوں کو ہمت سے برداشت کیا کیوں کہ دیش کی آزادی کے سامنے وہ ہر چیز قربان کرنے کو تیار تھیں۔

۱۹۳۵ء میں وہ الہ آباد میونسپل بورڈ کی ممبر چنی گئیں۔ اور ڈیڑھ سال تک کام کرتی رہیں اور پھر ۱۹۳۶ء میں یو۔پی کے چناؤ میں کانگریس کی طرف سے حصہ لیا۔ انھوں نے ریل، موٹر، بنڈی اور یہاں تک کہ پیدل چل کر سارے صوبے کا دورہ کیا تاکہ چناؤ میں کانگریس کی جیت ہو اور آخرکار وہ اس چناؤ میں جیت گئیں اور ۲۹ جولائی ۱۹۳۷ء کو انھیں یو۔پی کی حکومت مقامی اور صحت کا وزیر بنایا گیا۔ وہ حکومت کے

کاروبار کے ساتھ ساتھ اپنے بچّوں کی بھی دیکھ بھال کرتی رہیں، کیوں کہ انھیں اپنے بچّوں سے بے حد پیار رہے۔ وزیر بننے کے بعد وجے لکشمی پنڈت نے کئی دواخانے اور زچگی خانے کھولے۔ عورتوں کی بھلائی اور ترقی کے بہت سے کاموں کے ساتھ ساتھ انھوں نے دیہات سدھارنے کی طرف بھی توجہ کی۔ ان ہی کی کوششوں سے ہر چھوٹے بڑے گاؤں میں بچّوں کے لیے دودھ گھر بھی کھولے گئے۔ انھیں وزیر بنے ابھی تین سال بھی نہ ہونے پائے تھے کہ ۱۹۳۹ء میں سارے ہندوستان میں ایک گڑبڑ مچ گئی اور لوگوں نے دیس کو غلامی سے آزاد کرانے کے لیے حکومت کے خلاف کام کرنا شروع کیا تو وجے لکشمی پنڈت، وزیر کا عہدہ چھوڑ کر گاندھی جی کے ساتھ ستیہ گرہ میں شریک ہوگئیں جس کی وجہ سے انھیں پھر دسمبر ۱۹۴۰ء میں گرفتار کرلیا گیا اور چار مہینے تک نینی تال جیل میں رکھا۔

جب اگست ۱۹۴۲ء میں ہندوستانیوں کی طرف سے انگریزوں کے ہندوستان چھوڑ دینے کے لیے سارے ملک میں جلوس نکالے جانے لگے تو وجے لکشمی پنڈت نے بھی رات دن اس کام میں حصّہ لیا اور ملک میں جگہ جگہ تقریریں کرکے لوگوں کو توڑ پھوڑ

کرنے سے روکتی رہیں۔ ان ہی دنوں کئی جگہ ہندوستانیوں پر انگریزی حکومت نے گولیاں بھی چلائیں۔ اس وقت وجے لکشمی پنڈت نے زخمیوں کی مدد کی اور انھیں اپنی نگرانی میں اسپتال پہنچاتی رہیں۔ اپنے ہندوستانی بھائیوں کا ساتھ دینے کے سلسلے میں انھیں اگست میں پھر گرفتار کرلیا گیا اور آخر نو مہینے کے بعد جون ۱۹۴۳ء میں چھوڑ دیا گیا۔ جیل سے نکلتے ہی انھوں نے قحط کی وجہ سے پریشان لوگوں کی مدد کے لیے ایک کمیٹی بنائی اور بھوکے اور بے گھر ہندوستانیوں کی ہر طرح مدد کرتی رہیں۔

۱۹۴۴ء کا سال ان کے لیے مصیبتیں ساتھ لایا اور اس سال ان کے شوہر کا انتقال ہوگیا۔ شوہر کی موت کے دُکھ کو بھلانے کے لیے وہ اپنا سارا وقت دیس کی سیوا میں گزارنے لگیں۔

نومبر ۱۹۴۴ء میں وہ امریکہ گئیں۔ انھوں نے امریکہ کے سارے شہروں میں گھوم پھر کر وہاں کے لوگوں کو ہندوستانیوں پر انگریزوں کے ظلم کے بارے میں بتایا۔ وہ جہاں بھی جاتیں لوگ ان کی بڑی عزت کرتے اور ان کی تقریریں سننے کے لیے ہزاروں کی تعداد میں جمع ہو جاتے۔ ۱۹۴۵ء کی سان فرانسسکو کانفرنس میں انھوں نے ہندوستانیوں کو آزادی دینے کے بارے میں

ایک زوردار تقریر کی اور جنوری ۱۹۴۶ء میں ہندوستان واپس
۱۵ اگست ۱۹۴۷ء کو جب ہمارا دیس آزاد ہوا تو وجے لکشمی
پنڈت وہ پہلی ہندوستانی عورت تھیں جنھیں پہلی بار روس میں
ہندوستانی سفیر بنا کر بھیجا گیا۔ دو سال تک روس کی سفیر رہنے کے
بعد وہ ۱۹۴۹ء سے ۱۹۵۱ء تک امریکہ میں سفیر رہیں۔ امریکہ سے
واپس آنے کے بعد ۱۹۵۱ء میں اُن کو لوک سبھا کا صدر بنایا گیا
اور پھر ستمبر ۱۹۵۳ء میں انھیں یو۔ این۔ او کی جنرل اسمبلی کا صدر
چنا گیا۔ وجے لکشمی دنیا کی وہ پہلی عورت تھیں جنھیں اتنا بڑا
عزت کا مقام دیا گیا۔ ایک سال تک جنرل اسمبلی کی صدر رہنے
کے بعد جب وہ ہندوستان واپس آئیں تو پھر انھیں انگلستان
میں ہندوستان کا سفیر بنا کر بھیجا گیا۔ جہاں وہ اگست ۱۹۶۱ء تک
رہیں اور پھر ہندوستان واپس آگئیں۔ ساٹھ سال کی عمر ہوجانے
کے باوجود وجے لکشمی پنڈت نوجوانوں کی طرح کام کرتی رہیں۔
اور آج بھی ان کے دل میں دیش کی سیوا کی ویسی ہی لگن
باقی ہے جیسی کہ آزادی سے پہلے تھی۔

وجے لکشمی پنڈت کی دیش سیوا اور ان کی بے شمار قربانیوں
کی وجہ سے آج ساری دنیا ان کی تعریف کرتی ہے اور دنیا

کے ہر ملک میں ان کی عزّت کی جاتی ہے جو ہم ہندوستانیوں کے لیے بڑے فخر کی بات ہے۔

اگر ہمارے دیش کی عورتیں وجے لکشمی پنڈت کی زندگی سے ذراسا بھی سبق لیں تو ہمارا دیش ایسی ترقی کرے گا کہ دنیا حیران رہ جائے گی۔

جے ہند

ہندوستان کی عظیم عورتیں

صفدر حسین

بچوں کے لیے ایک دلچسپ سوانحی کہانی

سردار جعفری

مصنفہ : رفیعہ شبنم عابدی

بین الاقوامی ایڈیشن منظر عام پر آچکا ہے